Nur durch die Gnade Gottes

Nur durch die Gnade Gottes

Joyce Meyer

This edition published and arranged with FaithWords Hachette Book Group, New York, USA.
Originally published in English under the title
If not for the Grace of God by Joyce Meyer

Joyce Meyer Ministries GmbH
P.O. Box 761001
22060 Hamburg
www.joyce-meyer.de
Tel: 040/ 88 88 4 11 11

ISBN 978-3-939627-16-6

Bestellungen bitte an oben stehende Adresse richten

2. Auflage, Juni 2008

Alle Bibelzitate wurden, wenn nicht anderweitig gekennzeichnet, der Revidierten Elberfelder Bibel, R. Brockhaus Verlag Wuppertal, Ausgabe 1992, entnommen.
Vereinzelt wurden Bibelstellen auch in Teilen der *Amplified Bible* entnommen und aus dem Englischen übersetzt. *The Amplified Bible, Old Testament* copyright © 1965, 1987 by Zondervan Corporation. *The Amplified New Testament*, copyright © 1954, 1958, 1987 by Lockman Foundation.
Mit NGÜ gekennzeichnete Bibelstellen wurden der Neuen Genfer Übersetzung 2003 Genfer Bibelgesellschaft - Postfach CH-1211 Genf, entnommen.
Mit Bruns gekennzeichnete Bibelstellen wurden der Bibelübersetzung von Hans Bruns, 14. Auflage, 2001 Brunnen Verlag Gießen, entnommen.
Mit Schlachter gekennzeichnete Bibelstellen sind der Schlachter Bibel 2000 der Genfer Bibelgesellschaft entnommen.
Vereinzelt sind Bibelstellen der *Hoffnung für alle Bibel* Ausgabe 2002 Brunnen Verlag Basel entnommen.
Vereinzelt sind Bibelstellen der *King James Version* der Bibel und der *New King James Version* entnommen und aus dem Englischen übersetzt. New King James Version, copyright © 1979, 1980, 1982, Thomas Nelson, Inc., Publishers.

Übersetzung: Esther Dymel-Sohl
Umschlag: Sebastian Tobies
Satz: Satz & Medien Wieser, Stolberg
Druck: Printed in Germany

Inhalt

Einleitung

Auf diesen Seiten möchte ich mit Ihnen gerne einige kraftvolle Aussagen über die Gnade betrachten. Gnade ist die Kraft Gottes, mit der unsere Bedürfnisse gestillt werden, ohne dass sie uns etwas kostet. Sie wird durch Glauben und nicht durch menschliche Bemühungen empfangen.

Ich bin davon überzeugt, dass Ihr Leben mit dem Herrn buchstäblich verändert wird, wenn Sie über diese Aussagen einmal intensiv nachdenken.

In den letzten Jahren haben wir viele Predigten über den Glauben gehört, darüber, was Glaube ist und was nicht und wie man im Glauben handelt. Trotzdem muss ich Ihnen ganz ehrlich sagen, dass ich mir nicht sicher bin, wie viele gläubige Christen wirklich wissen, was Glaube bedeutet. Wenn wir wirklich so viel vom Glauben verstehen, wie wir behaupten, müssten wir in unserem Alltag wesentlich mehr Sieg als bisher erleben.

Alle Erkenntnis über Glaube muss auf dem Verständnis, was Gnade eigentlich bedeutet, gegründet sein. Auf den nachfolgenden Seiten möchte ich Sie gerne an einer Prophetie teilhaben lassen, einem Wort, dass ich vom Herrn empfangen habe, in dem er Gnade definiert und ihre Rolle und Funktion in dem Leben eines Gläubigen beschreibt.

Eigentlich ist die Gnade Gottes nicht kompliziert oder verwirrend. Sie ist ganz einfach, und das ist auch der Grund, warum viele Menschen sie verpassen. Es gibt nichts, was kraftvoller als Gnade sein könnte. Tatsächlich ist die ganze Bibel - Rettung, Erfüllung mit dem Heiligen Geist, Gemeinschaft mit Gott und alle Siege in unserem täglichen Leben - auf Gnade gegründet. Ohne Gnade sind wir nichts, haben wir nichts und können wir auch nichts tun. Wenn wir nicht die Gnade Gottes hätten, wären wir alle traurig und hoffnungslos.

In Lukas 2,40 lesen wir über Jesus als Kind: ... **er aber wuchs und erstarkte (im Geist), erfüllt mit Weisheit, und Gottes Gnade (seine Gunst und geistlichen Segnungen) war auf ihm.** Elberfelder mit eigener Übersetzung

Diese Verse beinhalten alles, was wir brauchen, um glücklich, gesund, wohlhabend und erfolgreich in unserem Leben als Christen zu sein. Wir reden oft über die Dinge, die wir brauchen, doch in Wirklichkeit brauchen wir nur eins, und zwar genau das, was Jesus auch brauchte: Wir müssen im Geist stark werden, mit Gottes Weisheit erfüllt sein, und seine Gnade soll auf uns ruhen.

Wenn Sie und ich es der Gnade Gottes erlauben, unser Leben ganz zu regieren, wird uns nichts unmöglich sein. Ohne diese Gnade ist uns nichts möglich.

So wie Paulus den Gläubigen seiner Zeit schrieb, kommt alles, was wir sind und tun und haben, nur durch die Gnade Gottes. Sie und ich sind hundertprozentig hilflos. Auch wenn wir wie Paulus bekennen: **»Ich vermag alles durch Christus, der mich stark macht«**, so ist das nur durch die Gnade Gottes wahr.

In Epheser 2,10 sagt Paulus: **Denn wir sind sein [eigenes] Gebilde (von ihm geschaffen), in Christus Jesus geschaffen (wiedergeboren) zu guten Werken, die Gott vorher bereitet hat (vorher geplant hat), damit wir in ihnen wandeln sollen (in den Wegen, die er vor der Zeit bereits bereitet hat und wir das gute Leben leben, das er vorherbestimmt hat).**

Elberfelder mit eigener Übersetzung

Der Schreiber des Hebräerbriefes sagt, dass Gott unsere Werke für uns vorbereitet hat ... **vor Grundlegung der Welt** (Hebräer 4,3). Diesen Versen nach hat Gott uns erwählt und unser Lebenswerk bereits geplant, bevor wir überhaupt geboren waren, sogar bevor die Welt erschaffen war. Daher müssen wir damit aufhören, über »unseren« Dienst zu reden, als wenn er etwas wäre, was wir auf eigene Initiative hin begonnen haben oder gar durch unser eigenes Können ausführen. In Johannes 15,5 sagt

Jesus: ... **ohne mich (abgeschnitten von der lebensnotwendigen Gemeinschaft mit mir) könnt ihr nichts tun.**

Anstatt mit unserer großen Kraft, unserem Wissen, unserer Macht oder auch unseren großartigen Leistungen zu prahlen, sollten wir jeden Tag mit folgenden Worten beginnen: »Hier bin ich, Herr. Ich bin bereit für alles, was du für mich zu tun hast. Ich möchte, soweit es mir möglich ist, leer vor dir stehen, damit deine Gnade in mein Leben fließen kann. Dann kann ich das tun, was du von mir möchtest. Ich werfe mich ganz auf dich. Ich kann nur das sein, was du mir erlaubst zu sein. Ich kann nur das haben, was du mir erlaubst zu haben. Ich kann nur das tun, wozu du mich befähigst - und jeder Sieg soll dich ehren und nicht mich.«

Wir, Sie und ich, sind die Gefäße, mit denen Gott sein Werk tut. Wir sind Gottes Partner. Was für ein großartiges Privileg! Er erlaubt es uns, an seinem Ruhm teilhaben zu können, solange wir nicht vergessen, dass wir ohne ihn nichts tun können.

Wenn wir wirklich glauben, dass Gott die vollständige Kontrolle über unser Leben hat, dann wird keines der Dinge, die falsch laufen, uns entmutigen oder bestürzt machen, denn wir wissen, dass Gott durch all dieses hindurch *seinen* Plan für uns verwirklicht. Wir werden uns nicht an dem freuen, was *wir* für Gott tun, sondern daran, was *er* durch uns tut.

Wir müssen lernen, unser Leben Gott hinzugeben, uns ihm in allem und bei allem anzuvertrauen, indem wir uns nicht auf unseren großen Glauben, sondern auf seine wunderbare Gnade verlassen. Ja, es stimmt, dass der Glaube wichtig ist, doch selbst den Glauben erhalten wir durch Gnade, als ein Geschenk. Unser ganzes Leben hängt nicht von unseren Leistungen oder Fähigkeiten oder Werken ab, sondern von Gottes göttlicher Bereitschaft, seine unbegrenzte Kraft dafür einzusetzen, unsere Bedürfnisse zu stillen - ohne Aufwand unsererseits.

Das ist Gnade.

Wenn Sie heute Nöte haben - und wer hat die nicht? - dann bitte ich Sie inständig: Werfen Sie diese auf den Herrn. Es ist etwas Wunderbares, Pläne und Ziele und Träume für unser Leben zu haben. Es ist großartig, etwas im Glauben von Gott zu erwarten, doch ich möchte Ihnen ans Herz legen, sich dazu zu entschließen, all dieses für einen Moment beiseite zu legen. Nur so lange, wie Sie brauchen, um dieses Buch zu lesen. Befreien Sie sich einmal von allen Versuchen, etwas durch den eigenen Glauben oder durch eigene Anstrengung *erreichen* zu können. Entspannen Sie sich stattdessen und vertrauen Sie dem Herrn allein. Lassen Sie alles los und schauen Sie einmal zu, welche dynamische Kraft er in Ihrem Leben erzeugen wird, wenn Sie sich einfach nur bereit halten, seine unermessliche Gnade zu *empfangen.* Sie werden so große Veränderungen in Ihrem Leben erfahren, dass Sie nicht mehr die alten Wege gehen wollen. Dessen bin ich mir sicher.

Kapitel 1

Gnade, Gnade und noch mehr Gnade

Bevor wir uns näher mit der Gnade Gottes befassen, möchte ich Ihnen kurz ein Bild davon geben, in welchem Zustand sich mein Leben befand, als der Herr damit begann, mir klar zu machen, was Gnade eigentlich ist.

Zu der Zeit hatte ich nur wenig Erkenntnis zu dem Thema, doch als ich mich intensiv damit beschäftigte, wuchs in meinem Geist der Glaube, dass Gott mir einen tieferen Einblick geben wollte. Während Sie dieses Buch lesen, möchte ich Sie ermutigen, Gott im Glauben zu bitten, Ihnen eine tiefere Offenbarung von seiner wunderbaren Gnade zu geben.

Das Wort Gottes allein ist frustrierend

Als Gott anfing, mir zu zeigen, was Gnade wirklich ist, war ich so frustriert wie nur irgendjemand sein kann. Warum ich so frustriert war? Es gab viele verschiedene Gründe für meine Frustration, doch was mich am meisten frustrierte, war, ob Sie es glauben oder nicht, Gottes Wort.

Wie konnte sein Wort mich so frustrieren? Die Antwort ist einfach. Wie es häufig bei Gläubigen der Fall ist, versuchte ich, das *Wort zu erarbeiten*, anstatt *das Wort in mir arbeiten zu lassen.* Was mich wirklich frustrierte, war dies: Das Wort überführte mich ständig.

Wissen Sie, ich hatte in meinem Leben viele Probleme, doch kannte ich die Ursache meiner Probleme nicht wirklich. Ich dachte, sie würden von anderen verursacht werden. Ich war mir sicher, wenn nur die anderen sich anders benähmen und anders handelten, könnte ich endlich glücklich und zufrieden werden. Doch als ich anfing, Gottes Wort zu studieren, wurde mir klar, dass es viele Gebiete in meinem Leben gab, die verändert werden mussten. Jede Botschaft, die ich hörte, sei es im Fernsehen, im Radio, auf Kassette oder in einer Versammlung, schien mich einmal mehr auf die Notwendigkeit hinzuweisen, selbst verändert werden zu müssen. Doch das Problem bestand darin, dass ich den Unterschied zwischen Überzeugung und Selbstverdammnis nicht kannte.

Während das Wort Gottes mich von etwas überzeugte, wofür Gott es ja auch erdacht hat, nahm der Teufel genau diesen Aspekt, der mir zum Guten dienen sollte, und haute ihn mir in Form von Selbstverdammnis um die Ohren. Ich erkannte im Wort Gottes immer, dass ich mich ändern musste, doch wusste ich nichts von der Gnade Gottes, durch die diese Veränderungen erst möglich sind. Ich hatte keine Ahnung, wie ich den Heiligen Geist in mein Leben einladen konnte, damit er die Dinge tat, die getan werden mussten, während ich ihm glaubte und im Glauben handelte. Ich dachte, ich müsste das alles ganz alleine machen.

Ich versuchte, mich selbst zu ändern, versuchte genau so zu sein, wie ich laut Gottes Wort sein sollte. Ich wusste nicht, wie man sich dem Herrn ganz zur Verfügung stellt und auf ihn wartet. Ich hatte keine Ahnung, wie man von Herrlichkeit zu Herrlichkeit verwandelt wird (2. Korinther 3,18) oder wie ich meine Feinde nach und nach überwinden kann (5. Mose 7,22).

Dabei versuchte ich nicht nur mich selbst zu ändern, ich versuchte auch alles andere in meinem Leben zu ändern. Ich versuchte, meinen Mann, meine Kinder und meine Lebensumstände zu verändern, eben alles, was ich für die Ursache meiner Probleme hielt. Ich versuchte alles Mögliche, bis ich schließlich so frustriert war, dass ich es nicht mehr aushalten konnte.

Wenn man versucht, etwas für etwas zu tun, für das man nichts tun kann, ist das frustrierend!

Ich handelte unter dem Gesetz und die Bibel sagt uns, dass solch ein Vorgehen immer zu Frustrationen und Enttäuschungen führen wird und am Ende zerstörerische Auswirkungen hat.

Gesetz gegen Gnade

> *Denn alle, die aus Gesetzeswerken sind (die gerecht sein wollen, indem sie dem Gesetz der Rituale gehorchen), die sind unter dem Fluch (und der Enttäuschung und der Zerstörung ausgesetzt); denn es steht geschrieben: »Verflucht (der Zerstörung ergeben, ewiger Strafe ausgesetzt) ist jeder, der nicht bleibt (und lebt) in allem, was im Buch des Gesetzes geschrieben ist, um es zu tun!*
>
> Galater 3,10 (Elberfelder mit eigener Übersetzung)

Ich erkannte nicht, dass ich mich durch meine ganze eigene Anstrengung unbewusst unter den Fluch des Gesetzes gebracht hatte. Das war mein Problem. Ich nahm das gute Wort Gottes und machte ein Gesetz daraus. Ich sah alles als etwas, was ich selbst schaffen müsste, anstatt es als Verheißung Gottes anzusehen, die er in mir erfüllen würde, wenn ich ihm vertraute und auf seinen Sieg wartete. Wussten Sie, dass Sie und ich aus jedem Wort der Bibel ein Gesetz machen können, wenn wir es nicht auf die rechte Art und Weise sehen?

Jedes Mal, wenn wir uns selbst unter das Gesetz stellen, bringen wir uns selbst in Nöte. Warum? Das Gesetz kann zwei Auswirkungen auf uns haben: Wenn wir es perfekt befolgen, kann es uns heilig machen. Doch da niemand das schafft, kann das Gesetz Sünde vergrößern, und das führt zur Zerstörung.

In Römer 2 und 3 lesen wir, dass Gott uns das alttestamentalische Gesetz gab, damit die Menschen zwar versuchen, es zu halten, dann aber herausfinden, dass dies unmöglich ist und erkennen, wie sehr sie einen Erlöser brauchen.

Wie geschieht dies? Wir hören oder lesen das Gesetz und ziehen die Schlussfolgerung: »Wenn ich das Gesetz nicht befolge, dann verliere ich mein Heil«, oder »Gott liebt mich nicht mehr, wenn ich mich nicht anständig benehme. Er liebt mich nicht, wenn ich nicht gut bin.« So beginnen wir, das Wort genau von der falschen Seite aus zu betrachten, so wie Gott es nicht möchte. Wir sollen der Wahrheit ins Gesicht schauen und sagen: »Ja, Herr, du hast recht. Ich muss das tun. Ich muss mich verändern, doch ich kann mich nicht selbst verändern. Dein Wort ist die Wahrheit und mein Leben kommt dem nicht nach. Dein Wort ist ein Spiegel für mich geworden. In diesem Spiegel kann ich sehen, dass ich in diesem Bereich falsch liege und das tut mir leid. Bitte vergib mir und verändere mich durch deine Kraft und deine Gnade.«

Aber ich wusste nicht, wie das ging. Ich wusste nichts von der Kraft Gottes und von seiner Gnade. Ich wusste allerdings, wie man sich anstrengt, wie man mit aller Kraft versucht, gut zu sein, versucht wortgemäß zu handeln, versucht nicht zu viel zu reden, versucht sich hinzugeben, versucht freigiebig zu sein und versucht in der Frucht des Geistes zu handeln. Wie man angestrengt versucht, mehr zu beten, versucht öfter in der Bibel zu lesen, versucht die Bibel beim Lesen besser zu verstehen, versucht eine bessere Ehefrau zu sein, versucht eine bessere Mutter zu sein, usw.

Am Ende war ich total frustriert.

Eine Bedeutung des Wortes *frustrieren* ist: enttäuschen, verhindern, ein gesetztes Ziel zu erreichen oder einen Wunsch zu erfüllen (laut der Definition des Webster's New World Dictionary).

Ich war so frustriert - enttäuscht und auf dem Weg der Zerstörung - weil ich, genau wie Paulus es so gut in Galater 3,10 beschreibt, versuchte, unter dem Gesetz zu leben und es mir unmöglich war, es zu halten. Ich versuchte, ein Ziel zu erreichen und einen Wunsch zu erfüllen und beides lag außerhalb meines Einflussbereichs. Je mehr ich dies versuchte, um so mehr versagte ich.

Wenn wir, Sie und ich, unsere ganze Energie dafür verwenden, etwas realisieren zu wollen, was nicht zu schaffen ist, wird die einzig mögliche Folge Frustration sein. Und alles, was wir kennen, um etwas an dieser Situation zu ändern, ist, sich noch mehr anzustrengen und das wird zu neuen Enttäuschungen führen.

Das ist ein Teufelskreis und er kann nur unterbrochen werden, wenn wir verstehen, was Gottes Gnade eigentlich ist.

Versuchen gegen Vertrauen

Wussten Sie, dass das Wort »versuchen« unbiblisch ist? Ich weiß es ganz genau, denn ich habe die größte Konkordanz durchforscht, die ich finden konnte. Nun, das Wort selbst ist zwar zu finden, aber nicht in dem Sinne von »sich selbst anstrengen und bemühen«, wie wir es hier verwenden.

Wenn in der Bibel das Wort *versuchen* steht, dann nur mit der Bedeutung, jemanden zu prüfen. Wir lesen von einer **»Prüfung des Glaubens«** (Jakobus 1,3). Wir werden angewiesen, nicht alles zu glauben, was wir hören, sondern **»die Geister zu prüfen«** (1. Johannes 4,1). Der Psalmist sagt: **»Prüfe mich, Herr, und erkenne meine Gedanken«** (Psalm 139,23). Die Bibel spricht auch von Feuerproben, die uns **»prüfen«** werden (1. Petrus 4,12). Im biblischen Sinne wird das Wort versuchen dann verwendet, wenn es darum geht, den Wert einer Person oder einer Sache zu überprüfen und herauszufinden.

Doch wenn wir das Wort *versuchen* verwenden, bedeutet es etwas völlig anderes: Es bezieht sich dann auf menschliche Anstrengungen. Wir reden davon, etwas *zu versuchen*, wenn wir etwas durch unsere eigenen Fähigkeiten und unsere eigenen Mittel erreichen wollen.

Ich meine damit nicht, dass wir im Leben nichts mehr selbst in Angriff nehmen sollen, um etwas zu erreichen. Ganz und gar nicht. Eine der Botschaften, über die ich oft predige, ist diese: Es gibt ein richtiges Maß an Fleiß, das uns durch die Kraft und die

Gnade Gottes gegeben worden ist, damit wir es in unserem Leben einsetzen. Mit anderen Worten, wir bitten Gott bei allem, was wir tun, um seine Hilfe. Wir verlassen uns durch ein ganzes Projekt hindurch vollständig auf ihn. Wir erhalten uns die Einstellung: »Ohne ihn können wir nichts tun.«

Aber wir verlieren uns nicht in fleischlichen und natürlichen Anstrengungen, denn die enden lediglich in Erschöpfung, Frustration, Enttäuschung und Zerstörung.

Wenn Sie diese Seiten lesen, öffnen Sie sich doch dafür, Ihre anstrengenden Versuche gegen Vertrauen einzutauschen. Das durfte ich lernen, als der Herr mir einen völlig neuen Bereich seiner großen Gnade offenbarte.

Die Quelle des Streites

Woher kommen Kriege (Zwietracht und Fehden) und woher Streitigkeiten (Zank und Kämpfe) unter euch? Nicht daher: Aus euren Lüsten, die in euren Gliedern streiten?

Jakobus 4,1 (Elberfelder)

Haben Sie es in sich auch mit Streitigkeiten, Uneinigkeit, Kriegen, Missgunst und Konflikten zu tun? Es gab eine Zeit, in der mein Leben buchstäblich mit Streit erfüllt war.

Wie kann es zu diesen Störungen in uns kommen? Wir wissen, dass Gott das nicht für uns vorgesehen hat. Der Herr möchte nicht, dass seine Kinder inmitten eines inneren Kriegsgebietes wohnen. Das ist zwar das Wesen der Welt, in der wir leben, aber es soll nicht das Wesen von Gottes Reich sein - und Jesus lehrte uns, dass das Königreich in uns ist (Lukas 17,21).

Als wir, Sie und ich, zu Christus kamen, wollten wir den endlosen Konflikten und Streitigkeiten entkommen. Deshalb wurden wir Bürger des Reiches Gottes. Die Bibel lehrt uns, dass das Königreich aus Gerechtigkeit, Frieden und Freude besteht (Römer 14,17). Als Nachfolger Christi ist das unser Erbe. Warum verbringen dann so viele von uns, die wir Gott wirklich lieben, die in den Himmel kommen, die nach seinem göttlichen Ratschlag berufen sind, ihr gesamtes Leben auf Erden mitten in den Kämpfen, denen wir eigentlich entfliehen wollten?

Was ist die Quelle all dieser Streitigkeiten? Woher kommen sie? Wir wollen diese Frage beantworten, damit wir für unsere Frustrationen und Nöte eine Lösung finden können.

Betrachten Sie doch einmal den zweiten Teil dieser Verse. Jakobus sagt, dass all diese negativen Dinge ihren Ursprung in unseren Lüsten haben, die in unseren Gliedern streiten.

Wussten Sie, dass Sie und ich in Konflikte geraten können, wenn wir etwas wollen, was ohne Zweifel Gottes Willen für uns entspricht? Wenn wir Gottes Willen in unserem Leben haben, kann das frustrierend sein. Denn wenn wir wieder durch Anstrengung versuchen, ihn auf falsche Art und Weise zu erlangen, werden wir nur Streitigkeiten, Krieg und Konflikte erzeugen.

Gott möchte unsere Ehepartner und Kinder erretten. Das ist sein Wille, wie wir wissen, denn er sagt in seinem Wort, dass er möchte, dass alle Menschen gerettet werden und die Wahrheit erkennen (2. Petrus 3,9). Und doch kann es uns, Sie und mich, sehr frustrieren und alle möglichen Nöte für uns selbst und für andere verursachen, wenn wir versuchen, die Menschen, die wir lieb haben, durch unsere eigenen menschlichen Anstrengungen zu erretten.

So merkwürdig es auch klingen mag: Es ist gut möglich, über das Wort Gottes in Streit zu geraten. Das passiert ständig irgendwo in der Gemeinde Christi.

Gott möchte ganz sicher, dass wir ein heiliges Leben führen, doch ich kann Ihnen gar nicht alle Konflikte aufzählen, die ich in meinem Leben verursacht habe, nur weil ich versuchte, heilig zu sein. Ich wollte das Richtige, tat es jedoch auf die falsche Art und Weise. Davor warnt uns Jakobus in diesen Versen. Er sagt, dass Streit und Konflikte in uns entstehen, wegen unserer Wünsche- auch wenn es sich um die richtigen Wünsche handelt - die in unseren Gliedern streiten.

Wir haben nicht, weil wir nicht bitten

Ihr begehrt (was andere haben) und habt nichts; ihr tötet (wenn ihr hasst, tötet ihr in eurem Herzen) und neidet und könnt nichts erlangen (von dem, was ihr euch an Erfüllung, Zufriedenheit und Glück ersehnt); ihr streitet und führt Krieg. Ihr habt nichts, weil ihr nicht bittet ...

Jakobus 4,2 (Elberfelder mit eigener Übersetzung)

Die Menschen in den Gemeinden streiten sich über prophetische und musikalische Gaben. Sie sind aufeinander neidisch, weil der Eine öffentlich singen darf und der Andere nicht. Sie hassen einander, nur weil sie nicht das haben, was der Andere hat. Neid und Eifersucht haben nichts mit Liebe zu tun. Gott zählt sie zu einer Form des Hasses.

Die Bibel wird an diesem Punkt sehr energisch: Wenn man jemanden wegen seiner besonderen Gabe hasst, wird man im Herzen zum Mörder.

Sind wir, Sie und ich, in unserem Herzen des Mordes schuldig? Brennen wir vor Neid und Ärger, weil es uns nicht gelingt, die Erfüllung, die Zufriedenheit und das Glück zu finden, wonach wir uns so sehr sehnen? Sind wir frustriert, weil wir die schönen Dinge, die wir uns so sehr wünschen, nicht bekommen?

Genau so ging es mir an einem bestimmten Punkt meines Lebens. Ich versuchte, mich selbst glücklich zu machen. Ich schaute mir all die schönen Dinge an, die ich noch brauchte und versuchte mit ganzer Kraft, sie zu realisieren. Sie können sich nicht vorstellen, wie viele Jahre lang ich mich selbst frustrierte, weil ich auf unerträgliche Art und Weise alles versuchte, damit mein Dienst vorankam. Ganz gewiss entsprach mein Wunsch ganz dem Willen Gottes. Er hatte mich dazu berufen und mich gesalbt. Und doch geschah nichts weiter, ganz gleich wie sehr ich mich auch anstrengte.

Es ist interessant, dass Gott manchmal jemanden ruft, etwas zu tun und ihn dann eine Zeit lang warten lässt. Und er wird es auch erst dann tun können, wenn derjenige damit aufhört, es selbst tun zu wollen und anfängt, es den Herrn auf seine eigene Weise und in seinem eigenen Zeitplan tun zu lassen. Gottes Wege sind vollkommen! Wenn es dich frustriert, wie lange manche Dinge dauern, dann lerne mit dem Psalmisten zu beten: **»Meine Zeit ist in deinen Händen ...«** (Psalm 31,15).

Ich weiß, wovon ich rede, denn genau das ist mir passiert. Ich war frustriert, eifersüchtig und ärgerlich und fand nicht die Erfüllung, Zuversicht oder das Glück, was ich suchte - bis der Herr mir in Jakobus 4, im letzten Satz von Vers 2 zeigte: **»... Ihr habt nicht, weil ihr nicht bittet.«**

Als ich diesen Satz zum ersten Mal richtig verstand, erschütterte er meine ganze Theologie. Und doch gehörte dies zu einem wichtigen Teil der Offenbarung der Gnade Gottes, die der Herr mir gegeben hat und die mein ganzes Leben und meinen Dienst veränderte.

Der Herr überführte mich von verschiedenen Dingen in meinem Leben. Einige davon sind vielleicht auch Ihnen aus Ihrem Leben als Christ vertraut. Hier ist ein Beispiel.

Eines Morgens wachte ich mit stechenden Kopfschmerzen auf. Zuerst dachte ich, eine Erkältung sei im Anmarsch. Ich lief mit meinen schlimmen Kopfschmerzen fast den ganzen Tag umher und erzählte jedem, den ich traf, wie schlecht es mir ging - bis schließlich der Herr zu mir sprach: »Ist es dir überhaupt in den Sinn gekommen, mich um Heilung zu bitten?« Ich glaubte an Jesus als meinen Heiler und doch verbrachte ich den ganzen Tag damit, mich zu beschweren, ohne ihn ein einziges Mal zu bitten.

Das passiert so oft in unserem Leben. Wir rennen umher, klagen über unsere Probleme und verbringen die Hälfte unserer Zeit damit, herauszufinden, wie die Probleme am besten gelost werden können. Wir tun alles dafür, aber nicht das, wozu das Wort Gottes uns auffordert: **Bittet, und ihr werdet empfangen, damit eure Freude völlig sei** (Johannes 16,24; Elberfelder).

Warum sind wir so? Weil unser Fleisch, unsere menschliche Natur, die Dinge selbst in die Hand nehmen will. Das ist die Natur des Fleisches. Sie will siegen. Sie will die eigenen Probleme auf ihre eigene Art und Weise lösen. Warum? Damit sie dann alle

Ehre bekommt. Das Fleisch möchte es selbst tun, damit es auch den Dank bekommt.

Das ist mit ein Grund dafür, warum wir in unserem Glaubensleben nicht erfolgreicher sind: Wir versuchen, durch eigenen Anstrengungen das zu bekommen, was Gott uns aus Gnade schenken möchte. Doch damit er uns das, was wir brauchen, geben kann, müssen wir demütig genug sein und endlich aufhören, alles selbst zu versuchen und stattdessen anfangen, ihm zu vertrauen. Wir müssen uns dafür entscheiden, mit dem Machen aufzuhören und mit dem Bitten anzufangen .

Empfangen und nicht bekommen

Ihr bittet und empfangt nichts, weil ihr übel bittet (aus selbstsüchtigen Motiven heraus), um es (wenn ihr das Gewünschte bekommen habt) in euren Lüsten zu vergeuden.

Jakobus 4,3 (Elberfelder mit eigener Übersetzung)

Mit der nachfolgenden Betrachtung hoffe ich, das Wort *bekommen* aus unserem Wortschatz streichen zu können, um es mit dem Wort *empfangen* zu ersetzen. Das sind nämlich zwei verschiedene Paar Schuhe.

Jakobus sagt uns, wir sollen um die Dinge bitten, die wir brauchen oder wünschen, anstatt sie uns selbst zu beschaffen. Doch dann geht er weiter und sagt: Die Gründe, warum wir oftmals nicht empfangen, worum wir bitten, sind unsere falschen Motive und Ziele.

Manchmal ist das, worum wir Gott bitten, an sich nicht falsch, und doch kann er uns nicht erhören, weil er in uns noch viel zu tun hat, um uns darauf vorzubereiten.

Es war zum Beispiel richtig von mir, vom Herrn wissen zu wollen, wie es mit dem Dienst, zu dem er mich berufen hatte, weitergehen sollte. Der Herr selbst wollte, dass er gelingt. Obwohl er mich jedoch berufen hatte, waren die ersten Jahre meines Dienstes sehr schwierig, weil ich falsche Motive hatte. Ich wollte wichtig sein, anstatt mich einfach nur dem Herrn hinzugeben und demütig meinen Dienst zu tun. Ich war unsicher und wollte eine gute Position im Reich Gottes haben und das war falsch. Erst als ich gelernt hatte, ihm zu gestatten, sein Werk in mir zu tun, konnte er durch mich wirken. Meine Motive mussten gereinigt werden und solch eine Veränderung ist nicht über Nacht getan.

Jahrelang war ich frustriert, denn ich betete und fastete und suchte den Herrn und es geschah einfach nichts. Zumindest konnte ich nur sehr wenig erkennen. Ich wusste den Wert von inneren Veränderungen, die notwendig sind, um uns auf die sichtbaren Segnungen vorzubereiten, nicht zu würdigen. Ich wollte in dem Strom des Heiligen Geistes vorwärtsgehen, doch in meinem Leben und in meinem Dienst gab es nur ein kleines Rinnsal des Geistes. Ich konnte nicht verstehen, wo hier der Fehler war.

Ich ging sogar so weit, dass ich dem Herrn sagen wollte, er solle mich zufrieden lassen, damit ich meinen Dienstauftrag vergessen und endlich etwas anderes tun konnte. Ich war bereit, alles aufzugeben.

Das erleben viele von uns. Gott berührt uns und beginnt in und durch uns ein Werk. Er fängt mit uns irgendetwas an, und dann scheint es uns so, als ob er das Angefangene nicht weiterführen oder vollenden will. Genau an diesem Punkt beginnt die Frustration, denn wir versuchen alles, die Dinge voranzutreiben, und zwar so, als ob man mit rein körperlicher Kraft einen Berg aus dem Weg räumen will. Das geht einfach nicht! Natürlich beendet Gott immer das, was er einmal angefangen hat, doch das Warten hilft uns dabei, uns fest in ihm zu gründen und zu verwurzeln.

Oftmals geschieht dieses, weil unsere Motive falsch sind. Manchmal sind sogar unsere Motive falsch, wenn wir wollen, dass die Menschen, die uns so sehr am Herzen liegen, gerettet werden. Vielleicht wollen wir selbst ein leichteres und besseres Leben haben, und deshalb sollen sie gerettet werden und nicht, weil wir sie so sehr lieben und sie gesegnet sein sollen. Wir wollen ihre Bekehrung nicht um ihretwillen, sondern damit wir uns nicht länger mit ihrem sündigen Verhalten und Leben herumärgern müssen.

Genau darum geht es Jakobus, wenn er darüber spricht, dass wir aus den falschen Beweggründen oder mit den falschen Absichten um etwas bitten. Gott weiß, wann unsere Motive und Absichten falsch sind, auch wenn wir das gar nicht realisieren oder zugeben wollen. Es ist nicht leicht, der Wahrheit über sich selbst ins Gesicht zu schauen. Doch das müssen wir tun, wenn wir all das empfangen möchten, was Gott uns gerne geben will.

Über die Jahre habe ich eine wichtige Wahrheit erkannt: *Gott kennt mich viel besser als ich mich selbst kenne.* Wenn ich den Herrn um etwas bitte und er es mir nicht gleich gibt, dann nur, weil ich noch nicht bereit bin, es zu empfangen.

Der Herr sagte mir einmal: »Joyce, immer wenn du mich um etwas Gutes bittest und du es nicht bekommst, dann nicht, weil ich dir etwas vorenthalten will oder du es nicht empfangen sollst. Entweder habe ich etwas Besseres für dich, von dem du noch nichts weißt und mich deshalb noch nicht bittest, und darum muss ich dich solange warten lassen, bis du meinen Plan verstehst, oder mein Zeitplan ist anders als deiner.«

Oftmals geht es nicht darum, sich nicht im Willen Gottes zu befinden, sondern außerhalb des Zeitplanes Gottes zu sein. Wir haben nicht, weil wir nicht bitten. Doch wir haben auch nicht, weil wir aus den falschen Motiven und Absichten heraus bitten, oder wir sind noch nicht bereit, das zu empfangen, was Gott uns geben möchte.

Ich habe lernen müssen, wenn ich den Herrn um etwas bitte, ihm mein Anliegen vorzutragen und es aber dann dabei zu belassen. Wenn er möchte, dass ich das empfange, worum ich ihn gebeten habe, dann wird er es tun - auf seine Art und in seinem Zeitplan. Warten muss nicht frustrierend sein, wenn wir dabei mehr von Gottes Gnade erfahren.

Wie untreue Ehefrauen

Ihr seid wie untreue Ehefrauen, die verbotene Affären mit der Welt haben und ihren Treuebund mit Gott brechen! Wisst ihr nicht, dass wer der Welt Freund sein will, Gottes Feind sein wird? Wer der Welt Freund ist, ist Gottes Feind.

Jakobus 4,4 (Übersetzung aus der Amplified Bible)

Was meint Jakobus, wenn er sagt, dass wir »wie untreue Ehefrauen« sind? Ich glaube, der Herr hat mir aus meinem persönlichen Erfahrungsbereich hierzu ein gutes Bild geschenkt.

In meiner Küche sind über dem Spülbecken ein paar Fenster, die ich nur schwer erreichen kann. Wenn ich also diese Fenster öffnen oder schließen möchte, kann ich es auf die harte Tour versuchen und muss dazu mühevoll auf die Arbeitsplatte klettern. Oder ich kann mir die Tortur ersparen, rufe einfach meinen Mann Dave und bitte ihn, das Fenster für mich zu öffnen oder zu schließen. Dave ist viel größer als ich, und deshalb ist es für ihn mit seinen langen Armen gar kein Problem, das, was für mich eine frustrierende Herausforderung wäre, zu tun.

Genau so verhalten wir uns oft mit dem Herrn. Wir kämpfen uns ab, reiben uns auf und versuchen etwas mit aller Kraft, was für den Herrn ein Leichtes wäre - wenn wir ihn nur darum bitten würden.

Doch wissen Sie, was meinen Mann noch mehr verletzen würde als seine Hilfe abzulehnen? Wenn ich auch noch zu meinem Nachbarn ginge, um ihn zu bitten, mir beim Öffnen und Schließen des Fensters zu helfen. Genau darum geht es Jakobus hier in diesem Vers, wenn er über uns als »untreue Ehefrauen« spricht, die andere Männer und nicht ihren eigenen Mann, ein Symbol für den Herrn, um Hilfe bitten.

Ich war in meinem Leben und in meinem Dienst so lange frustriert, bis ich gelernt hatte, damit aufzuhören, alles selber machen zu wollen, und auch damit aufzuhören, mit meinen Problemen immer zu anderen anstatt zu Gott selbst zu kommen.

Die Definition von Gnade

Oder meint ihr, dass die Schrift umsonst rede: »Eifersüchtig sehnt er sich nach dem Geist, den er in uns wohnen ließ«? Er gibt uns aber immer mehr Gnade (Kraft des Heiligen Geistes, um der bösen Neigung entgegenzuwirken und auch allem anderen). Deshalb spricht er: »Gott widersteht den Hochmütigen (den Stolzen), den Demütigen aber (denen, die demütig genug sind, sie zu empfangen) gibt er (fortwährende) Gnade.«

Jakobus 4, 5-6
(Elberfelder und Übersetzung der Amplified Bible)

Als ich vor Jahren diesen Bibelabschnitt las, auf der Suche nach Antworten, warum ich so frustriert und kraftlos war, meine Sünden und Fehler zu überwinden, wurden mir in Vers 6 die Augen geöffnet, in welchem steht: **»Gott gibt uns aber immer mehr Gnade.«** Danach erklärt uns *die Amplified Bible*, was Gnade ist.

Bevor Gott mir dies offenbarte, war »unverdiente Gunst« die einzige Definition des Wortes *Gnade*, die ich bis dahin gehört hatte. Das ist ja richtig, doch es gibt noch viel mehr als das zur Gnade zu sagen. *Die Amplified Bible* erklärt uns, dass Gnade die Kraft des Heiligen Geistes ist, um der bösen Neigung, die jeder in sich trägt, entgegenzuwirken.

Auf welche bösen Neigungen bezieht sich Jakobus hier? Die böse Neigung, wie eine untreue Ehefrau zu sein, die böse Neigung, eine verbotene Liebesaffäre mit der Welt zu haben, die böse Neigung, sich von Gott abzuwenden und auf sich selbst oder auf andere zu schauen, anstatt Gott selbst zu bitten, unsere Bedürfnisse zu stillen. So verhält sich unser Fleisch und Gott möchte nicht, dass wir so reagieren.

Die Antwort, nach der ich suchte, steht in Vers 6: Gott gibt uns inmitten unserer Probleme und Frustrationen immer mehr Gnade, immer größere Kraft des Heiligen Geistes, um diesen und allen anderen bösen Neigungen in uns vollständig entgegenzuwirken. Deshalb hat Gott sich auch gegen die Stolzen und Hochmütigen gestellt, die meinen, alle Dinge selbst und ohne ihn in die Hand nehmen zu können. Dagegen gibt er fortwährende Gnade den Bescheidenen, denen, die demütig genug sind, seine Gnade zu empfangen, indem sie ihn darum bitten.

Gott möchte uns helfen, der bösen Neigung in uns entgegenzuwirken. Er will uns seine Gnade geben. Er will uns die Kraft geben, unsere falschen Motive und Absichten zu überwinden, wenn wir demütig genug sind, ihn darum zu bitten und zu empfangen, anstatt alles immer selbst in eigener Kraft und auf unsere eigene Art und Weise machen zu wollen.

Aus Gnade errettet, aus Werken lebend

Denn aus Gnade (Gottes unverdienter Gunst) seid ihr errettet (freigesprochen vom Gericht und Teilhaber an der Errettung durch Christus) durch (euren) Glauben, und das (die Rettung) nicht aus euch (nicht aufgrund eures Handelns oder durch euer eigenes Bestreben), Gottes Gabe ist es; nicht aus Werken (nicht wenn ihr erfüllt, was das Gesetz verlangt), damit niemand sich rühme (es ist nicht das Ergebnis eines menschenmöglichen Verhaltens, damit niemand stolz auf sich selbst sei oder selbst Ehre beanspruche).

Epheser 2,8-9 (Elberfelder mit eigener Übersetzung)

In diesem Bibelabschnitt geht es eindeutig um Errettung. Doch die Bibel sagt, genau so, wie Sie und ich gerettet wurden - nämlich aus Gnade durch den Glauben - müssen wir auch unseren Alltag leben: **Denn aus Gnade (Gottes unverdienter Gunst) seid ihr errettet (freigesprochen vom Gericht und Teilhaber an der Errettung durch Christus) durch (euren) Glauben, und das (die Rettung) nicht aus euch (nicht aufgrund eures Handelns oder durch euer eigenes Bestreben), Gottes Gabe ist es; ...** (Vers 8). Denn so wie wir Rettung empfangen, so empfangen wir auch jede andere Segnung Gottes.

Wie wurden wir gerettet? Aus Gnade durch den Glauben. Es ist sehr wichtig, den Unterschied von *aus* und *durch* genau zu kennen. Das soll das Ziel dieses Abschnittes sein. Diese Differenzierung soll uns helfen, die unterschiedlichen Rollen und Funktionen von Gnade und Glaube richtig zu definieren.

In den vergangenen Jahren haben wir viel über Glaube gehört. Zu der Zeit, als Gott mir die Augen für die Wahrheit, die ich in diesem Buch mit Ihnen teile, öffnete, war ich sehr damit beschäftigt, Glauben zu haben, indem ich versuchte, für viele Dinge zu glauben, die ich von Gott erwartete. Ich versuchte, einen Durchbruch in meinem Dienst glaubend zu erwarten, glaubte an Heilung meines Rückens, daran, dass es uns finanziell besser gehen würde, und dass sich mein Mann und meine Kinder so verändern würden, wie ich es mir wünschte. Ich dachte »ich weiß, wie ich meinen Glauben richtig einsetze«. Das Problem war nur, dass das, was ich praktizierte, kein Glaube sein konnte, denn ich hatte keinen Frieden in meinen Gedanken und in meinem Herzen und kam nicht zur Ruhe.

Der Schreiber des Hebräerbriefes sagt uns: **Wir gehen nämlich in die Ruhe ein als die, die geglaubt haben,** (Hebräer 4,3). Wenn wir also Gott geglaubt haben (und das bedeutet Glaube), dann gehen wir in seine Ruhe ein, wie die Bibel uns sagt. Der Grund also, warum ich nicht zur Ruhe fand, ist simpel. Ich vertraute auf den Glauben anstatt auf Gott zu vertrauen. Ich verehrte eine Sache (den Glauben) mehr als Gott.

Ich tappte in diese Falle, weil ich meine Hoffnung auf meinen Glauben und nicht auf meinen Herrn gesetzt hatte. Ich dachte, unser Glaube sei der Preis, den wir für die Segnungen Gottes bezahlen müssen. Oder anders ausgedrückt: Ich dachte, ich könnte das, was ich wollte und brauchte, anhand meines Glaubens *bekommen*. Doch das ist falsch. Gottes Segnungen können nicht durch Glauben oder durch irgendetwas anderes *gekauft* werden, sie müssen *empfangen* werden. Glaube ist nicht der Preis, den wir für Gottes Segnungen bezahlen müssen, sondern das Gefäß, mit dem wir seine Segnungen empfangen. Jesus Christus hat den Preis für alles, was Gott uns geben möchte, am Kreuz von Golgatha bezahlt. Unsere Errettung wurde nicht durch unseren Glauben, sondern durch das vergossene Blut des Sohnes Gottes, erworben. Wir haben diese Rettung einfach aus Gnade durch den

Glauben empfangen - und zwar indem wir unsere Hoffnung (Glauben) auf Gott setzten; **denn Gott gibt uns alles, was wir brauchen, in reichem Maß und möchte, dass wir Freude daran haben** (1. Timotheus 6,17 NGÜ).

In der Bibel lesen wir, dass wir *aus* Gnade *durch* den Glauben gerettet und damit Teilhaber an Gottes Segnungen wurden. Wir lesen auch, dass wir genau so, wie wir gerettet wurden, unseren Alltag leben und regeln sollen.

Es ist eigenartig, dass wir durch Christus zu Gott kommen können, und zwar so wie wir sind. Nur das Blut Jesu reinigt uns von unseren Sünden. Wir sind Gott für seine Rettung und das ewige Leben mit ihm sehr dankbar. Warum? Weil wir es nicht verdient hätten. Doch von dem Augenblick an meinen wir, uns alles verdienen zu müssen, was er uns schenken möchte. Von dem Zeitpunkt an muss Gott uns quasi jede Segnung aufzwingen. Warum? Weil wir meinen, sie nicht zu verdienen. Wir haben heute nicht genug in der Bibel gelesen, wir haben heute nicht lange genug gebetet, wir haben heute nicht in der Frucht des Geistes gehandelt, wir haben eines der Kinder angeschrien, wir haben die Katze getreten, wir haben uns im Stau heute nicht sehr nett verhalten. Wir denken an alles, was wir falsch gemacht haben und folgern daraus, dass wir dadurch automatisch von Gottes Segnungen ausgeschlossen wären.

Wenn Gott nur perfekte Menschen segnen könnte, dann würde kein Mensch gesegnet werden, denn wir haben alle gesündigt und erlangen nicht die Herrlichkeit Gottes (Römer 3,23). Niemand von uns hat irgendetwas Gutes von Gott verdient. Doch diese Tatsache hat uns nicht davon abgehalten, seine herrliche Errettung ungehindert anzunehmen. Warum sollte sie uns jetzt davon abhalten, seine vielfältigen Segnungen zu empfangen? Nun, der Grund liegt darin, dass wir, sobald wir aus Gnade durch den Glauben gerettet sind, uns von dem Leben aus Gnade abwenden und aus unseren Werken leben wollen.

Werke gegen Gnade

Verstehen Sie nun, warum wir so frustriert werden? Weil wir, obwohl wir dem Glauben einen hohen Stellenwert einräumen, versuchen, ein Leben aus *Werken* zu leben, das von Gott eigentlich dazu vorherbestimmt wurde, aus *Gnade* gelebt zu werden.

Ich möchte Ihnen einen praktischen Tipp geben, wie die Gnade Ihnen in Ihrem Alltag von großem Nutzen sein kann. Wenn Sie in eine Situation kommen, die Frustrationen in Ihnen auslöst, halten Sie inne und sagen Sie: »Oh Herr, gib mir Gnade.« Glauben Sie nun, dass Gott Ihr Gebet gehört hat. Er wird antworten und die Situation klären, auch wenn Sie zur Tagesordnung übergehen.

Sehen Sie, der Glaube ist der Kanal, durch den Sie und ich die Gnade Gottes empfangen, damit unsere Bedürfnisse gestillt werden. Wenn wir versuchen, die Dinge auf unsere Art zu regeln, ohne die Gnade Gottes empfangen zu wollen, dann werden wir nicht empfangen, worum wir Gott bitten, ganz gleich wie groß unser Glaube auch sein mag. Denn die Bibel lehrt uns, dass Gnade die Kraft Gottes ist, die uns durch unseren Glauben begegnet, um unsere Bedürfnisse zu stillen.

Vor langer Zeit habe ich einmal folgende Aussage aufgeschrieben und an meinen Kühlschrank gehängt:

Werke des Fleisches = Frustration

Wenn Sie dieses Prinzip verinnerlichen, nämlich dass jedes Mal, wenn Sie frustriert sind, dies ein Zeichen dafür ist, nicht mehr empfangsbereit für Gottes Gnade gewesen zu sein, werden Sie bald Ihre ungute Neigung zur Frustration überwinden.

Wenn Sie frustriert sind, dann nur, weil Sie versuchen, die Dinge auf Ihre Weise zu realisieren. Es ist nicht so, weil Sie keinen Glauben haben, sondern, weil Sie damit aufgehört haben, Gottes Gnade für sich selbst zu empfangen. Ich weiß das genau, denn der Glaube hat mich total frustriert. Ich versuchte, die Dinge über meinen Glauben zu bekommen und zu tun, und das funktionierte natürlich nicht, weil ich die Gnade außen vor ließ.

Vor gar nicht langer Zeit befand ich mich in einer Lage, in der ich sehr angespannt und verspannt war. Das ist dann immer ein Zeichen dafür, dass ich nicht weiß, wie ich mit einer Situation umgehen soll. Ich will die Dinge zwar nicht so, wie sie sind, doch habe ich einfach nicht die Kraft, sie zu verändern.

Je mehr ich nach einer Lösung suchte, wie ich mein Dilemma ändern konnte, um so mehr wurde ich durcheinander, aufgebracht und frustriert. Doch schließlich erinnerte ich mich an die Gnade Gottes, von der ich Ihnen in diesem Buch erzähle. Deshalb hielt ich inne und betete. »Herr, ich bin wohl nicht empfangsbereit für deine Gnade, sonst wäre ich nicht so frustriert. Vater, bitte gib mir Gnade.«

Ich saß dort für einige Augenblicke ganz still in der Gegenwart des Herrn, und er antwortete mir nach Kurzem auf meine Situation. Es war so einfach und ich weiß nicht, warum ich es nicht gleich so gemacht habe. »Ich danke dir, Herr!«, war alles, was ich nur noch sagen konnte.

Wissen Sie, warum wir so frustriert sind? Weil wir die Dinge auf eine bestimmte Art und Weise wollen, und in diesem Leben geht es einfach nicht immer nach unseren Vorstellungen und Plänen. Daher müssen wir der Gnade Gottes vertrauen und uns auf sie verlassen. Gott weiß, was wir in jeder Lebenssituation durchstehen müssen, und er wird uns alles zum Besten dienen lassen, wenn wir ihm vertrauen und ihn wirken lassen.

Stolz erzeugt Frustration

Genauso die Jüngeren: Ordnet euch den Ältesten unter! Ihr alle aber: Bleibt demütig! Denn Gott widersteht Stolzen, aber Demütigen gibt er Gnade.

1. Petrus 5,5 (Bruns)

Ich möchte Ihnen diesen Vers einmal in der detaillierteren Ausdrucksform der englischen Amplified Bible vor Augen führen:

Genauso ihr, die ihr jünger seid und eine niedrigere Stellung habt, ordnet euch den Ältesten unter (den Pastoren und geistlichen Leitern der Gemeinden) – [begegnet ihnen und ihrem Dienst mit angemessenem Respekt und Anerkennung]. Kleidet (umschürzt) euch alle mit Demut [das ist das Gewand eines Dieners, das man euch nicht wegreißen kann, frei von Stolz und Arroganz], mit der ihr euch gegenseitig begegnet. Denn Gott stellt sich gegen die Stolzen (die Frechen, die Überheblichen, die Anmaßenden, die Wichtigtuer, gegen die, die andere verachten) – [er widersteht, besiegt und frustriert sie], aber den Demütigen gibt er Gnade (Gunst, Segnungen).

Aus beiden Übersetzungen geht klar hervor: Gott stellt sich gegen die Stolzen, doch den Demütigen gibt er Gnade.

Solange ich in meiner Situation dasaß und versuchte, selbst eine Lösung für mein Problem zu finden, war ich stolz. Stolz ist immer unsere Motivation, wenn wir versuchen, unsere Situation selbst in den Griff zu bekommen, anstatt uns zu demütigen und Gott um Hilfe zu bitten – und dann gehorsam genug zu sein, das zu tun, was er uns sagt, ob wir damit einverstanden sind oder nicht, ob wir es mögen oder nicht.

Es war eigentlich egal, ob ich Gottes Plan für mich gut fand oder nicht; der Punkt war, er funktionierte. Es ist ein großer Unterschied, ob wir das, was wir für Glauben halten, einsetzen, um unsere Pläne zu verwirklichen oder ob wir uns auf die Gnade verlassen, mit der Gott seinen Plan für unser Leben verwirklichen kann. Es ist der Unterschied zwischen Stolz und Demut, zwischen Frustration und Ruhe. Denken Sie daran, wahrer Glaube bringt uns zur Ruhe, doch die Werke des Fleisches bringen Frustrationen mit sich.

Lange Zeit gab ich dem Teufel die Schuld, wenn mich etwas frustrierte. Dann sagte ich: »Satan, ich widerstehe dir in dem Namen Jesu!« Doch es war nicht der Teufel, dem ich meine Frustration zu verdanken hatte, es war Gott!

»Moment mal,« denken Sie jetzt vielleicht, »das kann nicht sein, weil es nicht biblisch ist.«

Oh doch, ist es. In der *Amplified Bible* steht in 1. Petrus 5,5, dass Gott den Stolzen, Frechen, Überheblichen, Anmaßenden und den Wichtigtuern widersteht, sie besiegt und *frustriert*. Was sind das für Menschen? Das sind diejenigen, die alles selbst in die Hand nehmen wollen, die alles auf ihre Art und Weise angehen wollen, anstatt Gottes Wege zu gehen. Es sind solche Menschen, die ständig versuchen, sich so zu ändern, wie sie ihrer Meinung nach sein sollten, anstatt Gott zu bitten, dass er sie so verändert, wie er sie haben möchte.

In der Bibel lesen wir, dass Gott uns widersteht, wenn wir stolz handeln. Warum? Weil er weiß, wenn er es uns gestattet, die Dinge nach unserer Fasson zu tun, wir nie lernen werden, uns auf ihn zu verlassen. Wenn er uns widersteht oder verhindert, dass *unsere Pläne* realisiert werden, dann fühlen wir uns frustriert.

Doch auf der anderen Seite gibt Gott den Demütigen Gnade (Gunst, Segnungen), denen, die ihm vertrauen, auf ihn achten und sich auf ihn und nicht auf ihre eigenen Fähigkeiten, Programme und Hilfsmittel oder gar auf ihre eigene Weisheit, ihr Wissen und ihren Glauben verlassen.

Deshalb demütigt euch

Demütigt euch nun unter die mächtige Hand Gottes,
damit er euch erhöhe zur rechten Zeit.

1. Petrus 5,6 (Elberfelder)

Wissen Sie, was es bedeutet, sich unter die mächtige Hand Gottes zu demütigen, damit er Sie zur rechten Zeit erhöhe? Damit ist gemeint, den Herrn um das zu bitten, was wir brauchen und dann auf ihn zu warten, damit er sich darum kümmert und dabei nicht zu vergessen: Sein Zeitplan ist immer genau richtig. Es bedeutet, still zu sein und zu wissen, er ist Gott. Er weiß, was das Beste für Sie in jeder Lebenssituation ist. Es bedeutet, aufzuhören, die Dinge selbst in die Wege zu leiten und es dem Herrn zu gestatten, Ihnen zu zeigen, was als Nächstes getan werden muss, damit sein Plan gelingt und er mit Ihnen zum Ziel kommt.

Gnade und Sorgen

Indem ihr alle eure Sorge [alle eure Ängste, Probleme und Anliegen, ein für allemal] auf ihn werft! Denn er ist (liebevoll) besorgt für euch (und wacht über euch).

1. Petrus 5,7 (Elberfelder mit eigener Übersetzung)

Ein Mensch, der die Gnade Gottes wirklich begriffen hat, macht sich keine Sorgen. Wissen Sie warum? Sorgen sind Werke des Fleisches. Wenn man sich sorgt, versucht man einen Weg zu finden, sich selbst zu retten, anstatt Gott zu vertrauen, dass er Befreiung schenkt.

Der Mensch, der in ständiger Sorge lebt, empfängt die Gnade Gottes nicht in ihrer ganzen Fülle, denn Gottes Gnade wischt auch den kleinsten Anflug von Sorgen aus, genau so, wie seine vollkommene Liebe die Furcht austreibt (1. Johannes 4,18).

Gehen Sie in der Gnade des Herrn vorwärts und Sie werden die Werke des Fleisches nicht tun.

Gnade und Stabilität

Seid nüchtern (gemäßigt, besonnen), wacht (immer)! Euer Widersacher, der Teufel, geht umher wie ein brüllender (hungriger) Löwe und sucht, wen er verschlingen kann. Dem (seinem Angriff) widersteht standhaft (verwurzelt, bewährt, stark, unbeweglich und fest entschlossen) durch den Glauben, da ihr wisst, dass dieselben (identischen) Leiden sich an eurer Bruderschaft (der Gemeinde der Christen) in der Welt vollziehen.

1. Petrus 5,8-9 (Elberfelder mit eigener Übersetzung)

Bisher sprach Petrus immer davon, dass wir Gott in unsere Probleme mit einbeziehen sollen. Wir sollen uns demütig in die starke Hand Gottes begeben, sollen nicht besorgt oder ängstlich sein, sondern stattdessen auf den Herrn warten, der zur rechten Zeit die richtige Lösung bereit hält.

Doch in dieser Schriftstelle warnt er uns. Während wir auf den Herrn warten, sollen wir dem Teufel, der uns verschlingen will, gegenüber standhaft bleiben. Petrus ermahnt uns, fest im Glauben, verwurzelt, bewährt, stark, unbeweglich und fest entschlossen zu bleiben und unseren Boden im Glauben und im Vertrauen zu verteidigen, indem wir uns nicht auf die eigene Stärke, sondern auf die Kraft und Stärke des Herrn verlassen.

Verlassen Sie sich auf Gott

> *Da wir von eurem Glauben in Christus Jesus gehört haben [dass ihr euch mit eurer ganzen menschlichen Persönlichkeit auf ihn verlasst und seiner Kraft, Weisheit und Güte vollkommen vertraut] und von der Liebe, die ihr zu allen Heiligen (den Gesegneten Gottes) habt [und zeigt].*
>
> Kolosser 1,4 (Elberfelder mit eigener Übersetzung)

Wenn man sich mit der ganzen menschlichen Persönlichkeit auf Gott verlässt und seiner Kraft, Weisheit und Güte vollständig vertraut, nennt die Bibel das Glaube.

Wissen Sie, was das für mich bedeutet? Es heißt, dass der Glaube sich vollständig auf Gott verlässt, alles Schwere von mir nimmt und es auf Gott wirft. Der Glaube vertraut auf:

1. Gottes Kraft und Fähigkeit, das zu tun, *was* getan werden muss,
2. seine Weisheit und seine Allwissenheit, es dann zu tun, *wann* es getan werden muss,
3. seine Güte und Liebe, es so zu tun, *wie* es getan werden muss.

Haben Sie genug Glauben, sich mit Ihrem ganzen Sein auf Gott zu verlassen und ihm voll und ganz zu vertrauen? Oder verlassen Sie sich zwar auf ihn, tragen jedoch Ihre Last selbst, damit Sie auch dann noch Ihre Balance behalten und auf eigenen Beinen stehen können, wenn Gott sich bewegt?

In einer Versammlung habe ich einmal so getan, als würde ich ohnmächtig werden. Mein Mann musste mich auffangen und tragen. Wenn er mich hätte fallen lassen, wäre ich hart zu Boden gegangen. Ich machte das, um den Menschen vor Augen zu führen, wie echter Glaube handelt. Er verlässt sich voll und ganz auf Gott.

Loslassen und es Gott tun lassen, das ist Glaube.

Gnade und Gottvertrauen

Denn hierzu seid ihr berufen worden; denn auch Christus hat für euch gelitten und euch ein Beispiel hinterlassen, damit ihr seinen Fußspuren nachfolgt: der keine Sünde getan hat, auch ist kein Trug in seinem Mund gefunden worden, der, geschmäht, nicht wieder schmähte, leidend, nicht [mit Vergeltung] drohte, sondern sich dem übergab [und sich selbst und alles ihm anvertraute], der gerecht richtet ...

1. Petrus 2,21-23 (Elberfelder mit eigener Übersetzung)

Wenn ein Mensch alles, einschließlich seines eigenen Leben, in die Hand Gottes gibt und ihm anvertraut, dann ist das Glaube.

Jesus handelte im Glauben, als er geschmäht und beleidigt wurde, auch wenn er nicht gleich aus dieser Lage befreit wurde. Er hatte bereits vorher im Garten Gethsemane gelitten, als seine Jünger ihn im Stich gelassen hatten. Er hatte niemanden finden können, der eine Stunde mit ihm gebetet und gewacht hätte. In der Bibel lesen wir, wie intensiv er betete: **Es wurde aber sein Schweiß wie große Blutstropfen, die auf die Erde herabfielen** (Lukas 22,44 Elberfelder). Nach seiner Verhandlung dann litt er auf dem Weg nach Golgatha. Nachdem er verspottet, geschlagen und bespuckt worden war, wurde er gezwungen, sein Kreuz nach Golgatha zu tragen, wo er leidvoll sterben sollte. In all dem vertraute Jesus dennoch Gott, obwohl keine Befreiung aus diesem Leid in Sicht war. Die sollte erst später, nach seinem Tod und seinem Begräbnis, geschehen.

Eine Haltung des Glaubens und Vertrauens

Denn du wirst meine Seele nicht im Hades (Totenreich) zurücklassen noch zugeben, dass dein Frommer Verwesung sehe.
Apostelgeschichte 2,27 (Elberfelder)

Dieser Vers ist eine prophetische Äußerung von König David gemacht, die sich auf den Messias bezieht. Jesus hatte genau diese Haltung, eine Haltung des Glaubens und des Vertrauens in seinen Vater, der ihn durch die schweren Zeiten, die er durchleben musste, getragen hat.

Wussten Sie, dass unser Glaube und unser Vertrauen in den Herrn uns durch die schweren Zeiten tragen, während wir geduldig auf die Gnade Gottes, durch die er uns Befreiung schenkt, warten? Auch wenn der Glaube wichtig ist, so ist er nicht die eigentliche Kraft, die uns befreit. Er stärkt uns, bis Gottes Kraft – in Form von Gnade – auf der Bildfläche erscheint und uns befreit.

Wenn wir sagen, wir glauben, dass Gott etwas Bestimmtes tun wird, dann sollten wir den Herrn im Gebet auch bitten: »Vater, ich brauche deine Gnade. Ich brauche deine Kraft, die mich befreit.« Denn vergessen Sie nicht, unsere Siege kommen »aus Gnade durch den Glauben.«

Oft wurde uns schon gesagt, dass wir unseren Glauben hochhalten sollen, dass wir nicht aufhören sollen zu glauben, dass wir das durch den Glauben bekommen werden, was wir brauchen. Doch wenn wir nicht aufpassen, bleiben unsere Augen an den Segnungen und nicht am Herrn hängen. Da ist ein feiner Unterschied. Wir müssen zusehen, dass wir das Angesicht des Herrn und nicht nur unseren Vorteil suchen. Wir sollen ihn suchen und nicht bloß das, was er für uns tun kann.

Das Gleiche gilt auch für den Glauben und für die Gnade. Wir können uns zu sehr auf den Glauben konzentrieren und fangen an, ihm alle Ehre zu geben - ihm zu vertrauen, uns auf ihn zu verlassen - anstatt dem Herrn, auf den unser Glaube gegründet ist. Anstatt auf die Dinge zu sehen, die wir uns wünschen, sollten wir auf Gott schauen. Es ist wichtig für uns, über unseren Glauben hinaus auf Gottes Gnade zu blicken und zu sagen: »Vater, bitte handle durch meinen Glauben aus deiner Gnade, um mir zu geben, was ich brauche.«

Wir wickeln uns oft selbst durch unser ewiges:»Ich glaube Gott, ich glaube Gott, ich glaube Gott«, ein, werden gesetzlich und tun genau das, wovor Paulus uns warnt - wir betrüben die Gnade Gottes: **[Deshalb behandle ich Gottes wunderbare Gabe nicht wie etwas, das nicht so wichtig ist oder keinen Zweck erfüllte]; ich missachte die Gnade (Gottes unverdiente Gunst) nicht, verwerfe sie nicht, gebe sie nicht auf oder mache sie gar ungültig ...** (Galater 2,21). Wenn wir *unseren* Glauben zu sehr betonen - *unsere* Erwartungen und *unsere* Treue - dann betrüben wir damit die Gnade Gottes, die nicht auf *unsere* Werke, sondern auf *seine* unverdiente Zuneigung zu uns gegründet ist.

Wir müssen lernen, uns vollständig auf den Herrn zu verlassen und freimütig anzuerkennen, dass wir all das Gute, das er uns gibt, nicht durch unseren Glauben, sondern durch seine Gnade empfangen. Wir dürfen nicht vergessen: Nicht *unser* große Glaube, sondern *seine* große Treue ist bei allen empfangenen Segnungen das Wichtigste.

Gottes Treue

»Du hast mir kundgetan Wege des Lebens; du wirst mich mit Freude erfüllen vor deinem Angesicht.« Ihr Brüder, es sei erlaubt, mit Freimütigkeit zu euch zu reden über den Patriarchen David, dass er gestorben und begraben und sein Grab bis auf diesen Tag unter uns ist. Da er nun ein Prophet war und wusste, dass Gott ihm mit einem Eid geschworen hatte, einen seiner Nachkommen auf seinen Thron zu setzen, hat er voraussehend von der Auferstehung

des Christus geredet, dass er weder im Hades zurückgelassen worden ist noch sein Fleisch die Verwesung gesehen hat. Diesen Jesus hat Gott auferweckt, wovon wir alle Zeugen sind. Nachdem er nun durch die Rechte Gottes erhöht worden ist und die Verheißung des Heiligen Geistes vom Vater empfangen hat, hat er dieses ausgegossen, was ihr seht und hört.

Apostelgeschichte 2,28-33

Hier lesen wir, wie Petrus der versammelten Menschenmenge in Jerusalem am Pfingsttag mitteilte, dass alles, was sie an diesem Tag erlebt hatten, ein direkter Beweis der Treue Gottes zu seinem Wort war, nämlich Jesus von den Toten aufzuerwecken und seinen Geist auf alle Menschen auszugießen.

Jesus übte sich darin, seinem Vater zu glauben und voll darauf zu vertrauen, dass er das tun würde, was er zugesagt hatte. Und er wurde nicht enttäuscht. Sein Geist war nicht im Hades zurückgelassen worden, noch war sein Körper im Grab geblieben, um dort zu verwesen. Stattdessen fuhr er in den Himmel auf, wo er zur Rechten Gottes sitzt, und von dort aus goss er den Heiligen Geist aus, wie er versprochen hatte.

Es ist mir, wie schon Petrus, gestattet, Ihnen zuversichtlich und offen mitzuteilen, dass, wenn Sie sich auf Gott verlassen, Sie nicht in Ihren Problemen versinken und auch nicht in Ihrem Dilemma zurückgelassen werden, um darin zu verrotten. Erinnern Sie sich an die Bibelstelle, die besagt, dass die gleiche Kraft, die Christus von den Toten auferweckte, in uns wohnt und unseren sterblichen Körper erquickt (Römer 8,11). Nicht Ihr Glaube allein wird Sie befreien, sondern die Gnade Gottes wird in Ihre Situation kommen, wird Sie aufbauen und Sie an himmlische Orte versetzen, genau so, wie bei Jesus damals.

Wie ich mir da so sicher sein kann? Ich kenne Gott und ich weiß: **denn treu ist er, der die Verheißung gegeben hat** (Hebräer 10,23 Elberfelder).

Glaube und Gnade arbeiten Hand in Hand

Ich möchte Ihnen gerne illustrieren, wie Glaube und Gnade Hand in Hand arbeiten, um uns Gottes Segnungen zu erschließen.

Ich stelle in meinen Versammlungen oft einen großen Ventilator auf der Bühne auf. Dann bitte ich eine Person aus dem Publikum, sich vor den Ventilator zu stellen, damit ich sie abkühlen kann. Wenn dann der Ventilator nicht funktioniert, obwohl ich ihn angeschaltet habe, frage ich das Publikum: »Was ist hier los? Warum kann der Ventilator der Dame nicht helfen und ihr Kühlung verschaffen?«

Natürlich wissen die Leute sofort, warum er nicht funktioniert: »Der Stecker ist nicht drin!«, rufen sie.

»Das stimmt«, sage ich dann »und das ist auch oft der Grund, warum unsere Gebete nicht beantwortet werden.«

Dann erkläre ich weiter, dass wir oft nur auf den Glauben (den Ventilator) schauen und von ihm Veränderung erwarten, doch versäumen, über den Ventilator hinaus zu schauen, auf die Quelle der Kraft, die ihn arbeiten lässt und das ist unser Herr.

Jesus hatte sein ganzes Leiden hindurch Glauben. Er hatte im Garten Gethsemane Glauben. Er hatte Glauben, als er vor dem Hohepriester und vor Pilatus stand. Er hatte Glauben, als er geschmäht, misshandelt und verlacht wurde. Er hatte Glauben auf dem Weg nach Golgatha. Er hatte Glauben, als er am Kreuz hing. Er hatte sogar Glauben, als sein Körper in der Gruft lag. Er war davon überzeugt, dass Gott ihn nicht dort zurücklassen, sondern ihn auferwecken würde, wie er es versprochen hatte. Doch ist Ihnen auch klar, dass trotz seines ganzen Glaubens nichts geschah, bis die Kraft Gottes kam und ihn auferstehen ließ? Sein Glaube machte ihn standhaft, bis der Vater ihn zur rechten Zeit erlöste.

Wenn ich meinen Zuhörern das Beispiel mit dem Ventilator vor Augen führe, sage ich immer: »Ich kann einen großen Glauben in diesen Ventilator haben, aber er wird diese Dame nicht ein bisschen abkühlen, wenn ich ihn nicht an die Kraftquelle anschließe. Genau das Gleiche gilt für den Glauben. Wir können den größten Glauben auf Erden haben, doch wird er uns nicht hilfreich sein, wenn wir ihn nicht an die Energiequelle, nämlich die Gnade Gottes, anschließen. Richten Sie Ihren Blick auf Gott. Er wird sie befreien - und nicht Ihr Glaube.«

Wenn unsere Bitten erhört werden sollen, wenn wir irgend etwas von Gott empfangen wollen, müssen wir beides haben: Glauben und Gnade. Denn *aus* Gnade sind wir *durch* den Glauben gerettet worden. Und *aus* Gnade werden *durch* den Glauben alle unsere Gebete beantwortet und alle unsere Bedürfnisse gestillt werden.

Genau wie Sie habe auch ich in den letzten zehn Jahren sehr viel über Glauben gehört. Ich hörte so viel darüber, dass ich mich förmlich darin verkrampfte, Gott mit letzter Anstrengung im Glauben um alles Mögliche zu bitten, ohne irgendetwas über die Gnade Gottes zu wissen. Ich hatte keine Ahnung, wie man sich auf Gott verlässt, wie man sich auf den Herrn stützt oder wie ich meinem himmlischen Vater in jeder Lebenssituation voll und ganz vertrauen konnte. Das Problem war, dass ich meinem Glauben mehr als meinem Gott vertraute.

Wenn wir unserem Glauben mehr als Gott vertrauen, werden wir am Ende frustriert sein, weil wir etwas realisieren wollen, was sich nicht realisieren lässt. Ich versuchte, Gott zu vertrauen und glaubte an Heilung, Wohlstand und ein glückliches Familienleben - doch das klappte alles einfach nicht. Und ich konnte nicht verstehen, warum das so war. Deshalb versuchte ich, noch mehr zu glauben, was schließlich zu noch mehr Erschöpfung, Frustration, Missverständnissen, Traurigkeit, Entmutigung und Enttäuschung führte.

Verstehen Sie? Mein Fehler lag darin, dass ich etwas aus meinem Glauben heraus geschehen machen wollte. Stattdessen musste ich lernen, darüber hinaus zu schauen und mich auf die Gnade Gottes zu verlassen. Als ich das tat, als ich mein ganzes Tun und Wollen einfach aufgab, verschwand auch meine Frustration. Mir wurde bewusst, dass ich trotz eines großen Glaubens nichts empfangen würde, wenn Gott nicht durch meinen Glauben aus seiner Gnade die von mir so dringend gesuchten Antworten geben würde.

Schließlich wurde mir klar, dass der Grund meiner Frustration ganz einfach darin lag, dass ich die Gnade Gottes nicht anerkannte, die ja die Kraft Gottes ist. Wenn wir die Gnade Gottes enttäuschen, werden wir selbst enttäuscht.

Ich bete, dass Sie verstehen, worum es mir hier geht. Wie ich bereits schon sagte, ist der Grat hier sehr schmal, und wir müssen aufmerksam sein. Wenn wir unaufmerksam sind, gerät unser Leben aus den Fugen, anstatt friedvoll zu sein. Ich glaube, ich kann meine Jahre der Frustration als Christ in folgender Aussage zusammenfassen:

Ich vertraute *meinem* Glauben, mich aus meinen Nöten zu befreien. Als meine Nöte jedoch unverändert blieben, versuchte ich, größeren Glauben aufzubringen, weil ich nicht über *meinen* Glauben hinaus schaute. Alles schien auf *meinen* Glauben gegründet zu sein, obwohl in Wahrheit jeder Sieg durch Gottes Treue errungen wurde.

Ich erinnere mich an eine Zeit, als ich unter meinem fehlenden Glauben sehr litt und zwar in einem Bereich, in dem ich Gottes Hilfe brauchte. Ich war ganz damit beschäftigt, mich zu verdammen und mich schuldig zu fühlen, als der Heilige Geist mich zu 2. Timotheus 2,13 führte: **Auch wenn wir nicht glauben, bleibt er dennoch treu: Er kann sich selbst nicht verleugnen.** (Übersetzung der New King James Version).

Der Heilige Geist wollte mich lehren, von meinen eigenen Glaubensfähigkeiten weg und auf Gott zu schauen, der bereit ist, meine Bedürfnisse zu stillen, auch wenn mein Glaube nicht perfekt ist.

Erinnern Sie sich an den Mann, der zu Jesus kam und ihn um Heilung seines Sohnes bat? Jesus sagte ihm, dass denen, die glauben, alle Dinge möglich sind. Da antwortete der Mann: »Herr, ich glaube! Hilf meiner Schwachheit im Glauben!«, oder, »Hilf meinem Unglauben!« , wie die Elberfelder Bibel es ausdrückt. Der Mann wusste, dass sein Glaube nicht ausreichte und gab dies ehrlich zu. Und Jesus heilte seinen Sohn (siehe Markus 9,17-24).

Gottes Gnade (Kraft) erschien auf der Bildfläche und gab dem Mann, was er nicht verdiente.

Kapitel 2

Die Macht der Gnade

Als aber die Gegner Judas und Benjamins (die Samariter) hörten, dass die Kinder der Wegführung dabei waren, dem HERRN, dem Gott Israels, einen Tempel zu bauen, da traten sie zu Serubbabel und zu den Familienoberhäuptern und sagten zu ihnen: Wir wollen mit euch bauen! Denn wir suchen euren Gott wie ihr; und ihm opfern wir seit den Tagen Asarhaddons, des Königs von Assur, der uns hierher heraufgeführt hat.

Da sagten Serubbabel und Jeschua und die übrigen Familienoberhäupter Israels zu ihnen: Ihr habt nichts mit uns zu tun bei dem Auftrag, unserm Gott ein Haus zu bauen; sondern wir allein, wir werden dem HERRN, dem Gott Israels, bauen, wie es uns der König Kyrus, der König von Persien, befohlen hat.

Da machte das Volk des Landes (die Samariter) die Hände des Volkes Juda schlaff und schreckte sie vom Bauen ab.

Und sie nahmen Ratgeber gegen sie in Dienst, um ihren Plan zunichte zu machen, und zwar alle Tage des Kyrus, des Königs von Persien, und bis zur Regierung des Darius, des Königs von Persien.

Esra 4,1-5 (Elberfelder)

In diesem Kapitel möchte ich mit Ihnen über die Berge-versetzende-Gnade sprechen.

Wir wollen unser Studium über die Macht der Gnade damit beginnen, uns die obige Szene aus dem Buch Esra einmal genau anzusehen. Wir haben hier zwei Stämme, den Stamm Juda und den Stamm Benjamin, welche die Erlaubnis des persischen Königs Kyrus erhalten haben, dem Herrn einen Tempel zu bauen. Als die Samariter hören, was da los ist, kommen sie zu Serubbabel, dem Statthalter und zu den übrigen Familienoberhäuptern und fragen an, ob sie bei dem Bau des Tempels mithelfen können, weil sie, wie sie behaupten, den gleichen Gott anbeten.

Wenn Sie das nachprüfen wollen, werden Sie herausfinden, dass die Samariter tatsächlich den Gott Israels anbeteten, jedoch aus den falschen Motiven. Sie taten dies eigentlich nur, weil ihnen gesagt worden war, dass sie so das Böse aus ihrem Lager fernhalten konnten. Diese Leute waren keine Israeliten, sondern Assyrer, die viele Götter verehrten und nun zusätzlich auch noch den Gott Israels anbeteten. Während sie den einzig wahren Gott, Jahwe, anbeteten, wendeten sie sich nicht von den falschen Göttern und Götzen ab.

Die Israeliten waren sich dieser Tatsache bewusst und sagten den Samaritern, ihren langjährigen Feinden, dass sie keinen Anteil am Bau des Tempels des Herrn haben würden. Als die Samariter dies hörten, wurden sie so wütend, dass sie alles in ihrer Macht stehende taten, um die Israeliten zu schikanieren und ihnen Schwierigkeiten zu bereiten, damit sie ihr Vorhaben und ihre Pläne nicht ausführen könnten.

Wie hätte nun die Reaktion der gottesfürchtigen Israeliten auf diese Verfolgung und Opposition sein sollen? Ich bin davon überzeugt, dass die Antwort auf diese Frage ein Schlüssel zu einem Leben in der Gnade ist, so wie Gott es sich für sein Volk wünscht.

Wenn Sie und ich der Meinung sind, irgend etwas für Gott tun zu können, ohne Ärger aufzurühren, liegen wir falsch. Jesus warnte uns, dass wir in diesem Leben Trübsal erleben werden (Johannes 16,33). Er sagte, genau so, wie die Menschen ihn gehasst und verfolgt haben, werden auch die gehasst und verfolgt werden, die zu ihm gehören (Johannes 15,18 u. 20). Wir wissen, dass wir während unseres Lebens auf dieser Erde früher oder später auf Schwierigkeiten stoßen werden. Und oft sind es solche Schwierigkeiten, die uns traurig und unglücklich machen.

Menschen, die sich zum Herrn bekehren, werden oftmals ganz plötzlich so attackiert, wie sie es vorher noch nicht erlebt haben. Sie verstehen oft nicht, was mit ihnen geschieht und warum das so ist. Wenn sie hier nicht richtig angeleitet werden, kann es passieren, dass ihr Unwissen und diese frustrierenden Erlebnisse dazu beitragen, dass sie aufgeben und sich vom Glauben wieder abwenden.

Wir dürfen nicht vergessen, dass der Teufel sich nicht einfach zurücklehnen und uns dabei zusehen wird, wie wir neuen Boden einnehmen. Er wird anfangen zu kämpfen. Jedes Mal, wenn wir Fortschritte beim Bau des Reiches Gottes machen, wird er uns angreifen. Oft machen wir den Fehler, den auch ich am Anfang meines Lebens als Christ machte: Wir versuchen, durch unseren Glauben an einen Ort zu gelangen, der frei von Sorgen und Problemen ist. Sie wissen sicher mittlerweile, dass es so nicht funktioniert.

Der Glaube ist nicht immer dazu da, uns von Problemen fernzuhalten, sondern oft soll er uns durch die schweren Zeiten hindurch tragen. Wenn wir keine Schwierigkeiten hätten, bräuchten wir auch keinen Glauben. Wenn ich das so sage, meine ich nicht, dass wir nur noch Probleme zu erwarten hätten oder dass wir uns damit abfinden müssten, ein schweres Leben zu haben.

Mein Mann Dave und ich haben in unserem Leben schon viele Siege erleben dürfen. Aber auch nur deshalb, weil wir es gelernt haben, unser Land zu verteidigen und den Teufel von unserem Grundstück zu werfen, ihn aus den unterschiedlichen Bereichen unseres Lebens zu schmeißen. Am besten können wir das tun, wenn wir es lernen, in schweren Zeiten standhaft zu bleiben.

Wenn Sie dann den Feind besiegt haben, können Sie sich nicht gelassen zurücklehnen und davon ausgehen, dass alles so bleibt, wie es nun ist. Sie müssen sich auf einen Gegenangriff vorbereiten. Es genügt nicht, einen Kampf zu gewinnen, sondern sorgen Sie dafür, den gewonnenen Boden nicht wieder zu verlieren.

Oft sage ich meinen Seminarbesuchern, dass ein siegreiches

Leben als Christ ein Vollzeitjob ist, der nie aufhört. Er fordert von uns, immer auf der Hut zu sein. Genau wie die Israeliten in der Geschichte müssen wir bereit sein, auf die Probleme, die der Feind uns macht, zu reagieren.

Doch was sollte unsere Antwort auf Probleme sein? Wie überwinden wir die Hindernisse, die unser Gegenspieler uns in den Weg stellt? Wie können wir die Berge versetzen, die unseren Weg blockieren? Durch menschliche Anstrengungen und Kämpfe? Durch Ärger und Frustration? Alleine durch Glauben? Durch ein gutes Bekenntnis? Durch stundenlanges Gebet und Bibelstudium?

Schauen wir uns einmal den nachfolgenden Abschnitt in Sacharja an, um herauszufinden, was uns das Wort Gottes dazu sagt.

Die Kraft der Gnade

> *Und der Engel, der mit mir redete, kam wieder und weckte mich wie einen Mann, der aus seinem Schlaf geweckt wird.*
>
> *Und er sprach zu mir: Was siehst du? Und ich sagte: Ich sehe: und siehe, ein Leuchter ganz aus Gold und sein Ölgefäß oben auf ihm und seine sieben Lampen auf ihm, je sieben Gießröhren für die Lampen, die oben auf ihm sind; und zwei Ölbäume neben ihm, einer zur Rechten des Ölgefäßes und einer auf seiner Linken [die ihn immerfort mit Öl versorgen].*
>
> Sacharja 4,1-3 (Elberfelder mit eigener Übersetzung)

Sacharja hatte eine Vision, in der ein Engel mit ihm sprach. In dieser Vision sah er einen Leuchter aus Gold mit sieben Lampen. Er hatte sieben Gießröhren für die Lampen und neben ihm standen zwei Ölbäume, die ihn immer mit Öl versorgten.

Wenn Sie das Wort Gottes studieren, wissen Sie, dass Öl immer den Heiligen Geist symbolisiert, und der Heilige Geist ist die Kraft des allmächtigen Gottes. Im ersten Kapitel dieses Buches haben wir in Jakobus 4,6 gelesen, dass die Gnade Gottes die Kraft des Heiligen Geistes ist, mit der er unseren bösen Absichten entgegenwirkt. In wenigen Worten wird uns erklärt, dass Gnade die Kraft Gottes ist, mit der er unseren Nöten begegnet und unsere Probleme löst.

Jahrelang wusste ich nicht, was Gnade ist und deshalb war ich ein total frustrierter Christ. Wie ich schon sagte, ständig versuchte ich alles in meinem Leben selbst zu erreichen. Ich versuchte mit aller Kraft, die Berge durch meine menschlichen Bemühungen aus dem Weg zu räumen.

Wenn ich an Serubbabels Stelle oder an Stelle der Israeliten gewesen wäre, hätte ich mich aufgerieben, das Bauvorhaben des Tempels zu realisieren. Ich hätte im tiefsten Inneren gewusst, dass der Herr mir den Auftrag gegeben hat, das Gebäude zu errichten. Und da ich eine so fest entschlossene Persönlichkeit habe, hätte ich mich völlig verausgabt, das mit allen Mitteln zu erreichen, wozu der Herr mich beauftragt hat.

Ich wäre aber auch sehr frustriert gewesen, weil ich meinem Feind, dem Teufel, erlaubt hätte, mir fortwährende Qualen zu bereiten. Ich hätte meine ganze Kraft dafür eingesetzt, ein Problem zu lösen, das ganz einfach jenseits meiner Fähigkeiten lag. Das einzige, was ich erreicht hätte, wäre, mich selbst aufzureiben, zu verwirren und unglücklich zu machen.

Ich brauchte eine Vision. So eine Vision, wie Sacharja sie in diesem Abschnitt bekam, in dem die grenzenlose Macht der Gnade Gottes offenbar wird.

Nicht durch Macht oder Kraft, sondern durch den Geist

Ich antwortete und sagte zu dem Engel, der mit mir redete: Was sind diese, mein Herr?

Und der Engel, der mit mir redete, antwortete und sprach zu mir: Hast du nicht erkannt, was diese sind? Und ich sagte: Nein, mein Herr.

Da antwortete er und sprach zu mir: Dies [die Verbindung von dem Ölgefäß zu dem Leuchter, die für eine ständige Versorgung mit Öl vom Ölbaum sorgt] ist das Wort des HERRN an Serubbabel: Nicht durch Macht und nicht durch Kraft, sondern durch meinen Geist [symbolisiert durch das Öl], spricht der HERR der Heerscharen.

Sacharja 4,4-6 (Elberfelder mit eigener Übersetzung)

Hier spricht der Herr zu den selben Personen, die versuchten, den Tempel zu bauen, wie in dem Buch Esra beschrieben ist. Er sagt ihnen, wie sie auf ihre frustrierende Situation reagieren sollen. Er lässt sie wissen, dass sie sich in Problemsituationen nicht auf ihre eigene Kraft und auf ihre eigenen Fähigkeiten, sondern auf die grenzenlose Kraft des Heiligen Geistes verlassen sollen, damit er sich der Situation annimmt und sich um die Krise kümmert.

Die Kraft einer guten Beziehung zu Gott

Wer bist du, großer Berg [von menschlichen Hindernissen]? Vor Serubbabel [der gemeinsam mit Josua die im Exil Lebenden aus Babylon zurückführte und der das Vorhaben, den Tempel wiederaufzubauen, vor Ihm durchführte] werde zur Ebene [zu einem reinen Maulwurfshügel]! Und er wird den Schlussstein [des neuen Tempels] herausbringen unter lautem Zuruf: Gnade, Gnade für ihn!

Sacharja 4,7 (Elberfelder mit eigener Übersetzung)

Die Samariter, die sich gegen die Israeliten stellten, als sie den Tempel des Herrn bauten, wurden zu einem Berg von menschlichen Hindernissen. Sie frustrierten die Israeliten und hielten sie ab, das zu tun, was Gott ihnen befohlen hatte.

Vielleicht befinden Sie sich auch in so einer Situation und lesen gerade diese Worte. Sie haben vielleicht das Gefühl, Gott möchte, dass Sie etwas Bestimmtes tun sollen, doch der Feind hat Ihnen einen Berg in den Weg gestellt, um Sie zu frustrieren und Sie zu hindern, Gottes Willen zu tun. Wenn dem so ist, weiß ich genau, wie Sie sich fühlen, denn ich habe mich auch schon genau so gefühlt.

Das Problem liegt in der Sichtweise.

Manchmal sind wir so damit beschäftigt, uns mit dem Feind aus eigener Kraft und eigenen Bemühungen auseinanderzusetzen, dass wir unsere Beziehung zu Gott aus den Augen verlieren.

So komisch wie es auch klingen mag, in den ersten Jahren meines Dienstes habe ich mehr Zeit mit Satan als mit Gott verbracht. Ich meine das so: Dadurch, dass ich ständig an den Teufel dachte, ihn ansprach, versuchte herauszufinden, was er vor hatte und wie ich ihn von mir abbringen konnte, konzentrierte ich mich viel zu sehr auf den, der mir all die Probleme verursachte, als auf den, der die Macht hatte, alle meine Probleme zu lösen.

Wir als Gläubige sollen unser Augenmerk nicht auf den Teufel und sein Werk, sondern auf den Herrn und seine grenzenlose Kraft richten. Es ist wirklich eine große Versuchung, sich von Problemen vereinnahmen zu lassen, über sie nachzudenken, zu grübeln und sich Sorgen zu machen. Wenn wir das tun, erheben wir das Problem über den Problemlöser.

In diesem Bibelabschnitt sagt der Herr zu Sacharja, dass das Problem, mit dem die Israeliten zu tun haben, eigentlich nur ein Maulwurfshügel ist, auch wenn es wie ein Berg erscheint. Wie wäre es, wenn aus den Bergen in Ihrem Leben auch Maulwurfshügel werden? Das kann geschehen, wenn Sie das tun, was Gott hier sagt und nicht auf die Probleme, sondern auf den Herrn und seine Kraft schauen.

Wenn Gott Sie beauftragt hat, etwas zu tun, dann will er ganz sicher, dass Sie es nicht nur anfangen, sondern auch vollenden. Sie werden die Aufgabe, die Gott ihnen gegeben hat, jedoch nur dann durchführen können, wenn Sie verstehen, was Gnade ist, nämlich die Kraft des Heiligen Geistes.

Vergessen Sie nicht, nicht durch Kraft oder Macht, sondern durch seinen Geist haben wir den Sieg über unseren Feind. Wir überwinden *durch* Glauben - *aus* Gnade.

Glaube ist nicht die Quelle, sondern ein Kanal

In Epheser 2,8-9 haben wir gelesen, wir sind aus Gnade durch den Glauben gerettet. Ja, wir brauchen Glauben. Doch wir müssen auch verstehen, der Glaube ist nicht die Kraft, die uns rettet, sondern der Kanal, durch den wir die Gnade Gottes, nämlich die Kraft des Heiligen Geistes, empfangen.

In diesem Gleichnis von Sacharja ist der Glaube der Leuchter, doch die Gnade ist das Öl. Wir können sämtliche Lampen der Welt besitzen, aber wenn sie kein Öl haben, werden diese Lampen kein Licht abgeben oder irgendeinen Nutzen haben.

Im ersten Kapitel habe ich das Beispiel mit dem Ventilator angeführt, der zwar einer Person Abkühlung verschaffen kann, aber nur dann, wenn er an eine Energiequelle angeschlossen ist. Das Gleiche gilt auch für unser Leben als Christ. Oft haben wir am Ende zwar viele Prinzipien, Methoden und Formeln, aber keine echte Kraft. Das kommt daher, weil all diese Prinzipien, Methoden und Formeln, wie der Glaube zum Beispiel, nur Kanäle sind, durch die wir von Gott etwas empfangen können. Sie sind alle gut und wir müssen sie auch kennen, doch alleine können sie unsere Probleme nicht lösen.

Wir müssen den Glauben verstehen. Der Glaube ist etwas Wunderbares. In der Bibel lesen wir, dass es ohne Glaube unmöglich ist, Gott zu gefallen (Hebräer 11,6). Er ist so wichtig und so lebensnotwendig, weil wir durch ihn all das Gute von Gott empfangen, was er uns geben möchte. Deshalb hat der Herr auch die letzten Jahre damit zugebracht, seine Nachfolger in Bezug auf Glaube zu unterrichten. Er möchte, dass sie auf ihn schauen und lernen, ihm zu glauben, damit er das tun kann, was er sich vorgenommen hat.

Das Gleiche gilt für Gebet, Lobpreis, Andacht, Bibelstunden, Schuldbekenntnisse, geistliche Kriegsführung und all die anderen grundlegenden Dinge, von denen wir gehört haben und mit denen wir uns befassen. Doch trotz unserer ganzen geistlichen Aktivitäten müssen wir aufpassen, damit wir nicht anfangen, diese ganzen Dinge anstatt den Herrn zu erheben (sich an ihnen festzuhalten, ihnen zu vertrauen, sich auf sie zu verlassen).

Es kann sogar sein, dass wir unsere Gebetszeiten verehren, unser Bibelstudium, unsere Schuldbekenntnisse, unsere Andacht, unseren Lobpreis, unsere guten Werke. *Es ist möglich, einen Glauben zu entwickeln, der sich auf den eigenen Glauben anstatt auf Gott verlässt.* Es ist fast beängstigend, denn dazwischen gibt es nur einen schmalen Grat.

Doch dürfen wir nicht vergessen: So gut all diese Dinge auch sein mögen, sie sind nur Kanäle, um von Gott zu empfangen. Wir haben nichts von ihnen, wenn sie nicht an die göttliche Kraftquelle angeschlossen sind, genau wie der Ventilator in unserem Beispiel.

Seien Sie mit der Kraftquelle verbunden!

Liebe Brüder und Schwestern, ich möchte sogar behaupten, dass Sie nicht an die Kraftquelle angeschlossen sind, wenn Sie zu den frustrierten Christen gehören und durcheinander sind. Wenn Sie angeschlossen sind, wenn Sie inneren Frieden haben, dann wissen Sie, dass Sie das nicht sich selbst, sondern dem Geist des Herrn zu verdanken haben.

Jedes Mal, wenn ich anfange, frustriert zu sein, spricht der Herr zu meinem Herzen und sagt: »Joyce, du machst es schon wieder.« Was mache ich schon wieder? Ich versuche, das zu tun, was nur er tun kann. Ich versuche, Dinge durch meine eigene Kraft und Anstrengung Wirklichkeit werden zu lassen. Dabei werde ich frustriert und ganz durcheinander. Ich versuche, die Berge durch mein menschliches Können zu versetzen, anstatt zu sagen: »Gnade, Gnade für den Berg.«

Frustration und Durcheinander gehören nicht zu unserem göttlichen Erbe. Wir werden erst dann etwas erreichen, wenn wir, genau wie der Ventilator in unserem Beispiel, an die göttliche Kraftquelle angeschlossen sind. Doch wie bleiben wir angeschlossen? Durch eine persönliche Beziehung zu Gott, und die braucht Zeit.

Egal, wie viele Prinzipien und Formeln wir uns auch aneignen, wir werden erst dann einen bleibenden Sieg in unserem Leben als Christ erringen, wenn wir mit dem Herrn persönliche, private und gemeinsame Zeiten verbringen. Der Sieg liegt nicht in Methoden; er liegt in Gott. Wenn wir siegreich leben wollen, müssen wir weiter als bis nur dahin, wie wir unsere Probleme lösen können, schauen. Wir müssen den Herrn mitten in unseren Problemen finden.

Unser himmlischer Vater weiß, dass keiner von uns die Situationen, denen wir täglich gegenüberstehen, ohne die immerwährende Gegenwart und Kraft des Heiligen Geistes meistern können.

Niemand von uns kann einfach das tun, was andere tun, nur weil wir es so gerne tun würden. Wir sind alle unterschiedlich. Unsere Berufung ist unterschiedlich, unsere Gaben sind verschieden, wir haben unterschiedliche Persönlichkeiten und verschiedene Lebensstile. Jeder von uns muss sich an den Herrn halten und es ihm erlauben, zu führen und zu leiten und uns das zu sagen, was wir in den Situationen, denen wir persönlich gegenüberstehen, tun sollen.

Gott hat für jeden einen persönlichen Plan und sein Plan führt zum Sieg. Deshalb sind Prinzipien, Formeln und Methoden auch nicht die ultimative Antwort, denn sie gehen nicht auf die persönlichen Unterschiede zwischen den Menschen ein. Auch wenn sie alle gute Richtlinien sind, so ersetzen sie doch nicht die persönliche Beziehung zu dem lebendigen Gott.

Gemeinschaft mit Gott

Ich weiß, Sie wollen in Ihrem Leben gern Frieden und Sieg erleben. Woher ich das weiß? Das weiß ich, weil Sie dieses Buch lesen. Deshalb möchte ich Sie auch auf die Quelle des Friedens und des Sieges hinweisen - Gott selbst nämlich und nicht seine Gaben.

Wenn Satan die Menschen von irgendetwas abhalten will, dann mit Sicherheit von der Gemeinschaft mit dem Herrn. Satan ist es egal, wie viele Lampen wir haben, solange wir kein Öl zum Anzünden haben. Es ist ihm gleich, wie viele Ventilatoren wir haben, solange diese Ventilatoren nicht an die Kraftquelle angeschlossen sind. Denn er weiß, dass er keine Chance mehr hat, sobald wir zur Quelle der göttlichen Kraft kommen.

Wissen Sie, was passiert, wenn Sie Zeit mit Gott verbringen? Dann fangen Sie an, sich wie David zu verhalten, als er dem Riesen Goliath gegenüberstand. Sie fangen an, Stellung zu beziehen und den Feind herauszufordern: **»Wer glaubst du zu sein, der du das Heer des lebendigen Gottes verhöhnst?«** (1. Samuel 17,26).

Als Soldaten des Kreuzes brauchen Sie und ich keine Angst vor unserem Feind, dem Teufel, zu haben. Stattdessen: **...Seid stark in dem Herrn und in der Macht seiner Stärke** (Epheser 6,10; Luther). Wenn ein Geist der Furcht vorbeikommt, sollen wir nicht wie Espenlaub zittern, sondern mutig wie ein Löwe sein.

Der Teufel geht auf diejenigen los, die seinem Königreich schaden, die etwas für Gott tun. Wie widerstehen wir dem Teufel? Indem wir die ganze Waffenrüstung Gottes anlegen, den Schild des Glaubens, mit dem wir alle feurigen Pfeile auslöschen und das Schwert des Geistes, welches ist das Wort Gottes (Epheser 6,13-17). Doch diese Rüstung und die Waffen bekommen wir dann, wenn wir Zeit mit dem Herrn verbringen.

Die Ausfuhrung über die Waffenrüstung Gottes beginnt in Epheser 6,10 mit den Worten: **... seid stark im Herrn [seid gestärkt durch die Gemeinschaft mit ihm] ...** Für mich bedeutet das: »Seid stark durch die Gemeinschaft mit Gott.« Dann lesen wir weiter in Vers 11: **Zieht die ganze Waffenrüstung Gottes an...** Nur wenn wir durch die Gemeinschaft gestärkt worden sind, können wir die Waffenrüstung richtig tragen.

Ich persönlich habe gelernt, mich zu disziplinieren, damit ich täglich einige Stunden der persönlichen Gemeinschaft mit dem himmlischen Vater verbringen kann. Der Herr sagte mir, dass ich kein erfolgreiches Leben und keinen erfolgreichen Dienst als Christ erleben werde, wenn ich nicht bereit bin, mich ihm ganz zu geben, einhundert Prozent von mir.

Wenn ich siegreich sein möchte, habe ich keine Wahl. Ich muss einige Stunden am Tag Zeit mit dem Herrn verbringen, weil ich diesen Ruf auf meinem Leben habe. Vielleicht verlangt der Herr von dir nicht die gleiche Hingabe. Vielleicht will er von dir eine Stunde, oder dreißig Minuten morgens und dreißig Minuten abends. Vielleicht möchte er mehr, vielleicht aber auch weniger. Das ist von Person zu Person unterschiedlich. Ganz gleich, wie viel Zeit Sie mit dem Herrn täglich verbringen sollen, ich sage Ihnen, wenn Sie dieses Opfer nicht bringen wollen, dann können Sie es vergessen, jemals ein siegreiches und friedevolles Leben als Christ zu leben. Natürlich werden Sie trotzdem in den Himmel kommen, denn Ihr Name steht im Buch des Lebens. Ihre Rettung hängt nicht von Ihrer Gemeinschaft mit Gott ab - sie wurde durch das Blut Jesu möglich. Doch während Ihres Lebens hier auf der Erde werden Sie viel kämpfen und sich abmühen müssen.

Wir müssen uns bewusst sein, dass wir die *Kraft* des Herrn nur in der *Gegenwart* des Herrn empfangen.

Als ich anfing, Zeit mit Gott zu verbringen, war dies hart für mich. Ich fühlte mich fehl am Platz und war unsicher. Mir war langweilig. Ich saß nur da, gähnte und versuchte, wach zu bleiben. Man braucht viel Zeit, um zu lernen, wie man einfach leise in der Gegenwart des Herrn verharrt. Es dauert, wie alles andere auch, was wertvoll ist. Man muss dran bleiben. Und man kann es nicht von jemand anderem lernen. Ich glaube nicht, dass man einen anderen Menschen darin unterrichten kann, wie man mit Gott Gemeinschaft hat. Warum? Weil jede Person anders ist und selbst herausfinden muss, wie sie mit ihrem Schöpfer kommuniziert.

Wenn ich Gemeinschaft mit Gott habe, bete ich viel und auf unterschiedliche Art (Bitten, Fürbitten, Danksagung, etc.). Ich lese Bücher, durch die Gott mir hilft, studiere die Bibel, warte auf Gott, tue Buße, weine, lache, empfange Offenbarung. Die Zeit mit ihm ist immer unterschiedlich, fast jeden Tag.

Gott hat einen einzigartigen Plan für jede Person. Wenn Sie zu ihm kommen und sich ihm unterstellen, wird er in Ihr Herz kommen und mit Ihnen kommunizieren. Er wird Sie unterrichten und auf die Wege leiten, die Sie gehen sollen. Versuchen Sie nicht, das zu tun, was jemand anderes macht, oder auch so wie jemand anderes zu sein. Erlauben Sie dem Herrn einfach, Ihnen zu zeigen, wie er sich die Gemeinschaft mit Ihnen vorstellt. Dann folgen Sie ihm, Schritt für Schritt. Er wird Ihr Leben leiten.

Manchmal müssen Sie vielleicht etwas Öl für die Zukunft aufbewahren. Dann werden Sie nicht nur Tag für Tag Zeiten der Gemeinschaft mit dem Herrn haben, sondern es werden Gelegenheiten sein, zu denen Sie mehr Zeit als gewöhnlich mit dem Herrn verbringen, weil der Herr weiß, dass Sie mit einer Situation konfrontiert werden, die Ihre körperlichen und geistlichen Ressourcen aufbrauchen wird.

Kennen Sie das Gleichnis von Jesus über die zehn Jungfrauen, die Lampen mitbrachten und auf die Ankunft des Bräutigams warteten? Fünf von ihnen waren töricht und brachten nur so viel Öl mit, wie sie für den Moment brauchten. Die anderen fünf waren klug und nahmen sich zusätzliches Öl mit, falls der Bräutigam sich verspäten würde. Als der Bräutigam dann spät ankam, baten diejenigen, denen das Öl ausgegangen war, die anderen, ihnen etwas von ihrem Öl zu geben, doch die Klugen wollten das nicht. Und weil die törichten Jungfrauen sich beeilen mussten, neues Öl zu kaufen, verpassten sie das Hochzeitsfest (Matthäus 25,1-12).

Sind einige von uns nicht genau so? Wir nehmen uns nicht die Zeit und machen uns nicht die Mühe, uns auf kommende Zeiten vorzubereiten. Uns geht das Öl aus und wir versuchen, uns etwas von denen zu leihen, die etwas in Reserve haben. Der Herr erlaubt uns das vielleicht eine Zeit lang, doch irgendwann werden wir es lernen müssen, selbst für unsere Ölreserven Sorge zu tragen.

Wenn Sie morgens fünfzehn oder zwanzig Minuten früher aufstehen, um Gottes Angesicht zu suchen, wird Gott Ihr Opfer honorieren. Wenn Sie bereit sind, Ihren Fernseher abends für dreißig Minuten auszuschalten, um Zeit mit dem Herrn zu verbringen, werden Sie reich belohnt werden.

Es gibt Zeiten, in denen harte Arbeit oder schwierige Situationen Ihnen alle Reserven genommen haben und Sie brauchen »zusätzlich Zeit«, um das, was Sie verbraucht haben, wieder aufzufüllen.

Das heißt nicht, dass Sie keinen Spaß mehr haben werden oder immer nur mit Gott in einem Raum sitzen müssen. Er ist ein liebender Vater. Er möchte seinen Kindern ein überfließendes Leben voller Freude geben. Er wird nicht mehr von Ihnen verlangen, als Sie ihm geben können. Er ist kein Ungeheuer, das darauf aus ist, Sie unglücklich zu machen. Er weiß ganz einfach, was Sie brauchen, um ein überfließendes und siegreiches Leben zu haben, das Sie genießen können. Er weiß auch, dieses Leben kommt von ihm und nicht aufgrund irgendeiner Methode.

Lernen Sie, dem Drängen des Heiligen Geistes sofort nachzukommen. *Nehmen Sie sich Zeit, mit ihm alleine zu sein, bevor Sie öffentlich zusammenbrechen.* Verbringen Sie Zeit mit Gott, damit Sie standhaft bleiben, wenn Sie mit den täglichen Herausforderungen zu kämpfen haben.

Nicht durch Anstrengung, sondern durch den Geist

Der Teufel möchte, dass Sie und ich glauben, wir könnten die Gnade Gottes kaufen. Gottes Gnade ist nicht käuflich, denn schon in ihrer Definition - *unverdiente* Gunst - ist sie ein Geschenk.

Gnade kann nicht durch Gebet, nicht durch gute Werke, Bibellese oder Geldspenden erworben werden. Sie kann nicht erworben werden, indem wir die Schrift lesen, auswendig lernen oder bekennen. Sie kann noch nicht einmal durch Glauben erworben werden. Die Gnade Gottes kann empfangen werden, ist aber nicht käuflich.

Ich war eine furchtbare Person, bevor der Herr sich um mich kümmerte und anfing, mich von innen nach außen zu verändern. Ich hatte die Frucht des Geistes nicht in mir. Stattdessen brachte ich die Frucht des Fleisches hervor: Ich war ungeduldig, scharf, unhöflich, ungehörig, selbstsüchtig, selbstzentriert, gierig, man konnte nur schlecht mit mir auskommen und so weiter und so weiter. Obwohl ich jetzt gerettet und im Heiligen Geist getauft bin, Gott liebe und ihm von ganzem Herzen dienen möchte, würde ich mich immer noch genau so verhalten, wenn ich nicht jeden Tag die Zeit mit ihm verbringen würde, wie ich es tue.

Wir Christen müssen der traurigen Wahrheit ins Gesicht sehen, dass wir uns durch unsere Errettung nicht ein bisschen besser benehmen. Wir müssen unsere Gedanken durch Gottes Wort erneuern und Zeit mit dem Heiligen Geist verbringen. Wenn wir uns besser verhalten möchten, dann müssen wir uns mit dem Geist des lebendigen Gottes verbinden. Diese Lektion habe ich vom Herrn in meinem eigenen Leben und Dienst lernen müssen: Wenn ich leuchten will, muss ich mit der Energiequelle verbunden bleiben.

Nachdem ich es als Christ und als Predigerin jahrelang nicht einfach hatte, begriff ich endlich, dass ich nicht aus meiner Macht oder Kraft leben soll, sondern aus dem Geist des Herrn. Der Erfolg meines Lebens und meines Dienstes hängt nicht von meinen Bemühungen ab, sondern von der Gegenwart und Kraft des einen, der in mir lebt und durch mich wirkt (Galater 2,20).

Wenn ich vor den Menschen stehe, die zu meinen Versammlungen kommen, Christen aus unterschiedlichen Gemeinden und Denominationen, ist es letztendlich egal, wie gut ich mich vorbereitet habe, denn ich habe die Kraft, ihnen das Wort des Herrn zu predigen, nicht aus mir selbst. Ich muss mich völlig auf die Gnade des Herrn verlassen, ihm alles überlassen und es ihm erlauben, das in mir und durch mich zu tun, was ich nicht in mir und durch mich tun kann. Natürlich bereite ich mich inhaltlich gut vor, doch selbst das kann schief gehen, wenn er sich nicht dazu stellt.

Manchmal tun wir in unserem Verlangen, dem Herrn zu dienen, zu viel. Ich kenne Zeiten, in denen ich mich viel zu gut vorbereitet habe. Stundenlang studierte ich das Wort Gottes und betete, sodass sich am Ende alles nur um mich drehte. Oft ist genau das der Grund, warum trotz unserer ganzen Aktivitäten nichts passiert. Auch wenn Gott uns dann begegnet und in und durch uns wirkt, sind wir oftmals nicht dankbar, weil wir denken, wir hätten es uns durch unsere Bemühungen verdient.

Ein Arbeiter oder ein Gläubiger?

Wenn jemand durch eigene Leistungen für gerecht erklärt werden will, ist er wie ein Arbeiter, dessen Lohn auf der Grundlage des Geleisteten berechnet wird. Was er bekommt, bekommt er nicht aus Gnade, sondern weil man es ihm schuldet.

Wenn hingegen jemand, ohne irgendwelche Leistungen vorweisen zu können, sein Vertrauen auf Gott setzt, wird sein Glaube ihm als Gerechtigkeit angerechnet, denn er vertraut auf den, der uns trotz all unserer Gottlosigkeit für gerecht erklärt.

Römer 4,4-5 (NGÜ)

Wenn Sie und ich Zeit damit verbringen, die Bibel zu lesen, zu beten, zu meditieren, wenn wir positive Bekenntnisse ablegen oder sogar Zeiten mit dem Herrn verbringen, um etwas von ihm zu bekommen, wird unsere gemeinsame Zeit mit dem Herrn keine Zeit der Gnade, sondern Arbeitszeit.

Wir müssen darauf achten, dass unsere Motive rein sind, auch wenn wir das Richtige tun. Niemand sollte sich anmaßen zu denken, er habe sich Wohltaten des Herrn *verdient.*

Die Bibel sagt uns, dass der Tod und ewige Verdammnis das Einzige sind, was wir verdient haben. Warum? Weil unsere ganze Gerechtigkeit, all das Gute, was wir tun, wie schmutzige Kleider in den Augen des Herrn sind (Jesaja 64,5).

Wir sollten einmal unsere Gerechtigkeit mit der Gerechtigkeit des allmächtigen Gottes vergleichen. Wenn wir das tun, anstatt unsere Gerechtigkeit mit der Ungerechtigkeit der anderen zu vergleichen, sehen wir uns selbst, wie wir wirklich sind. Ich meine nicht, dass wir uns nun schlecht fühlen sollen. Ich spreche davon, zu wissen, wer wir in Christus Jesus sind und zwar nicht durch unsere eigenen Werke und Bemühungen.

Ich als Pastorin habe mir nicht die Salbung des Herrn, die auf meinem Leben ruht, verdient, nur weil ich jeden Tag Zeit mit ihm verbringe. Zusätzlich zu diesen gemeinsamen Zeiten der Begegnung verfolge ich auch die richtigen Motive. Wenn ich mit dem Heiligen Geist kommuniziere, muss ich selbst die richtige geistliche Einstellung haben. Das möchte ich gerne einmal illustrieren.

Es gab einmal eine Zeit, in der ich die gesamte Bibel in einem Jahr durchlesen wollte. Das klingt vielleicht beeindruckend, war es aber nicht, denn meine Motive waren falsch. Ich tat das nicht, weil Gott mich so geleitet hatte. Ich tat es, um mit den anderen in der Gemeinde Schritt zu halten.

Es gab eine Zeit, in der ich versuchte, täglich vier Stunden zu beten. Glauben Sie, dass der Herr mich dies tun ließ? Natürlich nicht! Jedes Mal, wenn ich anfing zu beten, schlief ich entweder ein oder ich wusste irgendwann nicht mehr, was ich noch beten sollte. Wissen Sie, warum der Herr mich nicht vier Stunden täglich beten ließ? Weil meine Motive nicht richtig waren und ich es aus den falschen Gründen tun wollte. Ich tat es nicht, weil der Herr mich so geführt hat, sondern weil jemand in unsere Gemeinde gekommen war und berichtet hatte, wie sie vier Stunden täglich im Gebet verbrachte. Deshalb dachte ich: »Wie wunderbar, das werde ich auch tun.«

Ich möchte Ihnen gerne sagen, dass Entschlossenheit und Willenskraft Sie nur ein kleines Stück weiterbringen können. Wenn das Fleisch nicht mehr weiter kann, und das wird irgendwann passieren, wird das ganze Gebäude zusammenbrechen und Sie auch.

Wenn wir dem Herrn dienen wollen, müssen unsere Motive richtig sein. Wir sollten den Herrn und die Gemeinschaft mit ihm einzig und alleine aus dem Grund suchen, weil wir ihn lieben und in seiner Gegenwart sein wollen. Jedes Mal, wenn wir denken, dass wir etwas verdient hätten, weil wir etwas für Gott getan oder mit ihm Zeit verbracht haben, folgen wir einer Methode und nicht dem Geist.

Ich habe gelernt, mich nicht übermäßig auf Versammlungen vorzubereiten. Ich studiere das Wort und bete so lange, wie Gottes Salbung auf mir ist und mich anleitet, dies zu tun. Wenn sie mich verlässt, höre ich auch auf. Es brauchte zwar seine Zeit (Jahre, um ehrlich zu sein), aber ich lernte, dass ich mir durch eine stundenlange Vorbereitungszeit keine gute Versammlung kaufen oder verdienen konnte. Manchmal brauche ich zwar länger als sonst, aber ich folge immer dem Herrn - und nicht mir.

Mein Mann Dave sagte einmal etwas sehr Wichtiges, als ich eine Predigtreihe über dieses Thema hielt: »Die Bauern haben ihre Pflanzmethoden, können aber den Reifungsprozess nicht planen.« Er meinte damit, dass die Menschen zwar säen, aber nichts wachsen oder gar zur Ernte reifen lassen können.

Der Bauer muss zuerst den Ackerboden vorbereiten, bevor er anfängt zu säen. Er muss den Boden aufbrechen, ihn von Gras und Unkraut befreien, Furchen ziehen, die Saat verteilen und dann Wasser und Dünger aufbringen. Doch die Bibel sagt uns, dass kein Bauer die Saat aufgehen und wachsen lässt.

Im Gleichnis vom Sämann im Markus Evangelium vergleicht Jesus das Reich Gottes mit einem Bauern, der die Saat sät und sich dann schlafen legt und aufsteht, Nacht und Tag, und der Same sprießt hervor und wächst, **er weiß selbst nicht, wie** (Markus 4,27).

Verstehen Sie? Wir verstehen nicht, was passiert, wenn der Same erst einmal im Boden ist. Doch, wir müssen unseren Samen säen. Gebet ist ein Same. Das Bibelstudium ist ein Same. Vorbereitung ist ein Same. Meditation ist ein Same. Ein gutes Bekenntnis ist ein Same. Eine Geldspende ist ein Same. Der Gottesdienstbesuch ist ein Same. Gutes tun ist ein Same. Zeit mit Gott zu verbringen ist ein Same. Doch nichts von all dem lässt uns Gottes Gnade verdienen, denn seine Gnade ist ein Geschenk.

Wir können uns Gottes Gunst nicht durch unsere Arbeit verdienen. Wir empfangen sie als Geschenk. Gott segnet uns, nicht wegen unserer Werke, sondern aus Gnade durch den Glauben.

Jedes Mal, wenn wir uns auf uns selbst konzentrieren, betreten wir gefährlichen Boden. Wir müssen weiter als nur auf uns, auf unsere Werke oder auf unsere Bemühungen schauen und unsere Augen auf Gott und auf seine Gnade zu uns richten.

Der Glaube an Gott

Und Jesus antwortete und spricht zu ihnen: Habt Glauben an Gott!

Wahrlich, ich sage euch: Wer zu diesem Berg sagen wird: Hebe dich empor und wirf dich ins Meer! und nicht zweifeln wird in seinem Herzen, sondern glauben, dass geschieht, was er sagt, dem wird es werden.

Markus 11,22-23 (Elberfelder)

In diesem Bibeltext fordert Jesus uns zuallererst auf, Glauben an Gott zu haben - nicht an unseren Glauben oder an das, was wir aussprechen.

Es gab eine Zeit in meinem Leben, in der ich mich so sehr um meinen Glauben und mein Glaubensbekenntnis drehte, dass ich davon überzeugt war, sobald ich etwas aussprechen würde, hätte dieses zu passieren, eben weil ich es sagte. Ich machte jedoch den Fehler zu glauben, dass es mein Glaube und mein Glaubensbekenntnis war, wodurch etwas geschehen sollte. Ich hatte vergessen, dass ich mein Vertrauen auf Gott und nicht auf meine Worte oder Taten setzen musste, um etwas empfangen zu können. Der Herr musste mir deshalb beibringen, meine Augen auf ihn und nicht auf eine Methode oder auf eine Formel zu richten. Ich glaube, es ist richtig, das Wort zu bekennen. Ich lehre darüber und praktiziere es selbst täglich. Gott wirkt dadurch und mein Glaube bleibt in ihm und ruht nicht auf meinem Bekenntnis.

Gott kann

Dem aber, der über alles hinaus zu tun vermag, über die Maßen mehr, als wir erbitten oder erdenken, gemäß der Kraft, die in uns wirkt ...

Epheser 3,20 (Elberfelder)

Dies ist ein so kraftvolles Bibelwort. Wenn Sie darüber nachdenken, werden Sie es bestimmt genau so empfinden wie ich: Es gibt uns Grund zum Jubeln!

Hier wird uns gesagt, dass unser Gott alles kann - weit mehr, als das, worum wir ihn überhaupt bitten, worauf wir hoffen oder woran wir denken würden.

Wir müssen nur beten und ihn bitten. Erinnern wir uns daran, was ich am Anfang dieses Buches gesagt habe: »Wir haben nicht, weil wir ihn nicht bitten.« Unsere Aufgabe ist es zu bitten, im Glauben und im Vertrauen. Das öffnet den Kanal. Doch es ist Gott, der das Werk tut, nicht wir. Doch wie tut er es? **Gemäß der** [oder durch die] **Kraft** [oder Gnade Gottes] **die in uns wirkt.**

Ich bin mir sicher, alles, was Sie und ich vom Herrn empfangen, hat direkt damit zu tun, welches Maß an Gnade wir zu empfangen gelernt haben.

Wir haben festgestellt, dass Gnade auch Kraft ist. Nun möchte ich gerne untersuchen, wie die Gnade oder Kraft Gottes in bestimmten Lebenssituationen angewandt werden kann. Als erstes möchte ich besprechen, wie die Gnade, die uns verändert, empfangen wird.

Finden Sie es schwer, Seiten Ihrer Persönlichkeit zu verändern, die aber Veränderung brauchen? Sind Sie frustriert oder durcheinander, weil Sie zwar das Richtige glauben, bekennen und tun wollen, damit Veränderungen in Ihrem Leben geschehen können, und doch scheint es so, als ob nichts geschieht? Sind Sie am Ende noch frustrierter und noch mehr durcheinander, als Sie am Anfang schon waren?

Wie bereits gesagt, genau das ist mir passiert. Ich habe mich unglaublich unter Stress gesetzt und wollte mich ändern. Ich hatte enorme Schuldgefühle, weil jede Botschaft, die ich hörte, mir zuzurufen schien, ich müsse mich ändern. Und doch konnte ich mich nicht ändern, ganz gleich wie sehr ich es auch versuchte, glaubte oder bekannte. Ich war in der Zwickmühle, denn ich sah, was ich alles ändern musste und doch war ich machtlos, diese Veränderungen zu bewirken.

Ich weiß nicht, wie es bei Ihnen aussieht, doch ich bin eine wahre »Managerin«. Wenn etwas falsch läuft, will ich am liebsten aufspringen und alles wieder in Ordnung bringen. Ich wollte alles verändern, was ich für falsch hielt, sowohl an mir selbst als auch in meinem Leben, doch irgendwie gelang es mir nicht. Ich dachte zuerst, der Teufel würde mich davon abhalten. Doch dann erkannte ich, dass es der Herr selbst war, der verhinderte, dass ich mich selbst ändern konnte. Warum? Weil ich es ohne ihn versuchte und die ganze Ehre und den Dank eingeheimst hätte, die ihm gebührten.

Wenn Sie dieses Buch zu Ende gelesen haben, werden Sie zumindest eines gelernt haben. Sie werden vollkommen verstehen, warum Menschen kein dankbares Herz haben. Sie werden klar erkennen, dass wir Menschen den Segen Gottes nicht verdient haben. Und sobald Sie diese Wahrheit begriffen haben, werden Sie Gott ein: »Vater, ich danke dir!«, entgegenrufen, wenn Ihnen etwas Gutes im Leben passiert, anstatt damit zu prahlen und sich auf Ihren großen Glauben oder Ihr großes Bekenntnis zu berufen und sich selbst alle Ehre zu geben.

Früher ging ich vor dem Herrn auf und ab und wollte wissen: »Vater, ich habe alles richtig gemacht. Warum hat es nicht funktioniert?« Die Antwort kam. Ich war zu sehr mit mir selbst und mit dem, was ich tat, beschäftigt, anstatt mich auf den Herrn und auf das, was er für mich aus lauter Güte, Liebe und Gnade tat, zu verlassen.

Sollen wir Gott bitten oder sollen wir es selbst tun?

Nur dies will ich von euch wissen: Habt ihr den Geist aus Gesetzeswerken empfangen oder aus der Kunde des Glaubens?

Seid ihr so unverständig? Nachdem ihr im Geist angefangen habt, wollt ihr jetzt im Fleisch vollenden?

So Großes habt ihr vergeblich erfahren? Wenn es wirklich vergeblich ist!

Der euch nun den Geist darreicht und Wunderwerke unter euch wirkt, tut er es aus Gesetzeswerken oder aus der Kunde des Glaubens?

Galater 3,2-5 (Elberfelder)

In Vers 2 fragt Paulus die Galater: »Habt ihr den Herrn durch eure eigenen Werke und Bemühungen empfangen oder, weil ihr das Evangelium gehört und gesagt habt, ›Ich glaube es.‹?«

In Vers 3 fragt er sie dann: »Seid ihr wirklich so dumm und töricht, das neue Leben im Geist zu beginnen, um dann zu versuchen, es durch euer eigenes schwaches Fleisch zur Perfektion zu bringen?«

Als der Herr mir diese Botschaft gab, gehörte sie zu den Schriftstellen, die er mir offenbarte und die einen großen Einfluss auf mein Leben hatten. Ich erkannte, dass ich den Herrn durch Glauben empfangen hatte, doch dann versuchte, mich selbst zu perfektionieren, indem ich mich auf mich selbst verließ. Ich versuchte, mich selbst und mein Leben durch menschliche Anstrengungen zu verändern, anstatt mich voll und ganz auf ihn zu verlassen.

Nun, Bemühungen gehören zum Leben eines Christen. Sie spielen eine Rolle. Doch auch dann wird alles, was außerhalb der Gnade Gottes passiert, keinen dauerhaften Wert haben.

Als nächstes fragt Paulus die Galater: »Habt ihr all dieses vergeblich erlitten, ohne Sinn und Verstand? Wollt ihr wirklich zurückgehen und den Heiligungsprozess noch mal von vorne beginnen?«

Am Anfang meines Dienstes habe ich unglaublich gelitten. Jedes Mal, wenn wir uns auf eigene Werke verlassen, werden wir leiden.

In Vers 5 schließt Paulus dann seine Argumentation, indem er sagt: »Versorgt Gott euch mit allem, was ihr braucht und tut er Wunder unter euch, weil ihr das Gesetz so perfekt haltet oder weil ihr euer ganzes Vertrauen und euren Glauben auf die Botschaft setzt, die ihr gehört habt?«

Vielleicht klingt es lächerlich, doch als ich so frustriert und verwirrt war, weil ich mich selbst nicht ändern konnte, kam mir nie die Idee, den Herrn um Veränderung zu bitten – und es dann ihm zu überlassen. Ich war wie jemand, der zu viel redet. Wenn der Heilige Geist kommt und diese Person davon überzeugt und sagt: »Du musst lernen, auch still sein zu können,« was sollte sie tun? Anstatt sich zu verteidigen oder herauszureden, sollte sie sagen: »Du hast recht, Herr. Ich rede zu viel. Du kennst mich, Vater. Ich habe nun schon seit langer Zeit ein loses Mundwerk. Ich glaube nicht, dass ich mein Gerede ohne deine Hilfe unter Kontrolle bringen kann. Bitte hilf mir. Ansonsten bin ich wieder zum Scheitern verurteilt.«

Der Herr ist unsere Quelle und unser Versorger. Das musste ich auf die harte Tour lernen.

Obwohl ich wusste, dass vieles in meinem Leben verändert werden musste, kam mir nie in den Sinn, dass nur Gott diese Veränderungen vollbringen konnte. Ich wusste nichts davon und bat ihn auch nicht in einer regelmäßigen Gebetszeit: »Vater, ich lauf aus dem Ruder. Ich kann mir selbst nicht helfen. Ich komme zu dir wie ein Kind. Ich bin hilflos. Ich lege dir diese ganze Situation hin und bitte dich um deine Gnade. Ich verdiene deine Hilfe nicht, Vater, doch du bist meine einzige Hoffnung. Bitte, tu du das für mich, was ich selbst nicht für mich tun kann.«

Oft bitten wir Gott nur dann um Hilfe, wenn wir davon überzeugt sind, sie verdient zu haben. Ich musste lernen zu sagen: »Vater, auch wenn ich deine Hilfe nicht verdient habe, weiß ich doch, dass dies ohne deine Kraft nicht funktionieren wird.«

Wenn Sie zu viel reden, kann nur Gott Ihnen helfen. Die Bibel sagt in Jakobus 3,8, dass kein Mensch die Zunge bändigen kann. Das gleiche gilt, wenn Sie zum Beispiel Gewicht verlieren möchten. Sie können zwar die richtige Diät machen, doch ohne die Kraft Gottes wird sie nicht funktionieren und Sie werden immer wieder von vorne beginnen müssen. Vielleicht klappt die Diät bei jeder anderen Person, aber nicht bei Ihnen. Vielleicht verhindert der Herr selbst, dass sie bei Ihnen anschlägt, weil er möchte, dass Sie ihm erlauben, die Veränderung zu bewirken und ihm aller Dank und alle Ehre gebührt.

Wann werden wir es jemals lernen, den Herrn zu bitten, anstatt immer selbst alles tun zu wollen?

Von Herrlichkeit zu Herrlichkeit

Der Herr aber ist der Geist; wo aber der Geist des Herrn ist, ist Freiheit.

Wir alle aber schauen mit aufgedecktem Angesicht die Herrlichkeit des Herrn an und werden so verwandelt in dasselbe Bild von Herrlichkeit zu Herrlichkeit, wie es vom Herrn, dem Geist, geschieht.

2. Korinther 3,17-18 (Elberfelder)

Sehen Sie? Unsere Unabhängigkeit, unsere Emanzipation, unsere Freiheit von Bindungen, kommen nicht aus uns selbst heraus, sondern durch den Geist Gottes, während wir uns weiterhin die Herrlichkeit Gottes vor Augen halten. Während wir in seinem Wort leben, wird *er* uns verändern. Ihm gehört alle Ehre und nicht uns.

Der Herr tut die Arbeit!

Ich bin ebenso in guter Zuversicht, dass der, der ein gutes Werk in euch angefangen hat, es vollenden wird bis auf den Tag Christi Jesu.

Philipper 1,6 (Elberfelder)

Es ist Gott, der sein gutes Werk in uns angefangen hat. Er hat es begonnen und er wird es auch vollenden. Er arbeitet gerade jetzt in uns, um das, was er angefangen hat, voranzutreiben, zu perfektionieren und zur Vollendung zu bringen. Da nur er dies tun kann, können wir, Sie und ich, uns entspannen. Wir stehen nicht unter Druck, denn der Herr tut die Arbeit und nicht wir. Ich glaube, diese Wahrheit wird uns in die Ruhe Gottes bringen. Wenn wir in seine Ruhe und seinen Frieden kommen, bekommen wir auch seine Freude.

Schauen Sie auf Jesus und nicht auf sich selbst

> *... indem wir hinschauen [weg von allem, was uns verwirrt] auf Jesus, den Anfänger [er hat den Glauben in uns entfacht] und Vollender des Glaubens [er wird ihn ausreifen und vollkommen werden lassen], ...*
>
> Hebräer 12,2 (Elberfelder mit eigener Übersetzung)

Ich möchte Sie ermutigen, von Ihren Sorgen und Problemen weg und auf Jesus und seine Kraft hin zu schauen. Er weiß ja bereits, was bei Ihnen nicht in Ordnung ist. Er ist bereit, möchte und kann die Veränderungen bewirken, die in Ihnen und in Ihrem Leben zu tun sind. Er wird Sie reifen und vollkommen werden lassen - wenn Sie ihn nur bitten und ihm vertrauen.

Ich bin in meinem Fall nicht mit meiner Fehlerliste zum Herrn gegangen. Ich dachte sogar, bis all diese schrecklichen Dingen nicht verändert waren, würde (oder könnte) der Herr sicher nichts mit mir zu tun haben wollen.

Das tun Menschen so manches Mal. Sie wenden sich wegen ihrer Sünden, ihrer Fehler und ihres Versagens von Gott ab. Wenn das Wort Gottes zu ihnen redet und sie überführt, gehen sie zum Herrn auf Distanz, weil sie sich so schlecht fühlen und seine Gegenwart nicht aushalten können. Das ist ein Fehler. Gottes Wort überführt uns, damit wir uns zu ihm hin und nicht von ihm weg ziehen lassen.

Ich bin so dankbar, dass der Herr mich nicht wegen all meiner Fehler weggestoßen hat. Stattdessen zog er mich zu sich hin und begann mich so zu verändern, wie er es wollte. Alles, was mir zu tun blieb, war, seine Veränderungen zuzulassen, damit ich geheiligt werde - und ihn darum zu bitten und ihm zu vertrauen. Halten Sie sich von den »Werken des Fleisches« fern und warten Sie auf ihn. Wir empfangen seine Verheißungen durch Glauben und Geduld (Hebräer 6,12).

Gott sei alle Ehre!

Von aller Art des Bösen haltet euch fern!

Er selbst aber, der Gott des Friedens, heilige euch völlig; und vollständig möge euer Geist und Seele und Leib untadelig bewahrt werden bei der Ankunft unseres Herrn Jesus Christus!

Treu ist, der euch beruft; er wird es auch tun.

1. Thessalonicher 5,22-24 (Elberfelder)

Vers 22 gehörte zu den Bibelstellen, die bedrohlich auf mich wirkten und mich einschüchterten. Ich las dann Sätze wie **haltet euch fern vom Bösen** und hatte sofort eine neue Aufgabe zu erledigen. Mir war nicht bewusst, dass der Herr mich hielt und mich heiligte. Ich dachte, es wäre meine Aufgabe, auf mich aufzupassen und mich zu heiligen, mich rein und heilig und tadellos zu machen.

In Vers 23 bedeutet das Wort *heiligen* ganz einfach »heilig machen« (Wortdefinition laut Webster's New World Dictionary). Wer macht denn das? Der Gott des Friedens!

In Vers 24 lesen wir dann, dass der Gott, der uns berufen hat, treu ist. Er wird es tun! Was wird er tun? Er wird die Berufung, die auf unserem Leben ist, zur Erfüllung bringen, indem er uns bewahrt und heiligt.

Hier scheint sogar ein Widerspruch zu sein. Zuerst sagt Paulus, wir sollen uns vom Bösen fernhalten und im nächsten Vers dann schreibt er, dass der Herr es für uns tun wird. Was ist dann unsere Aufgabe?

Glaube nur!

Genau das meine ich, wenn ich sage, dass der Glaube der Kanal ist, durch den wir die Segnungen des Herrn empfangen. Und zu diesen Segnungen gehören: Heiligung, Heiligkeit, Reinheit der Gedanken und des Herzens und die Bewahrung des inneren Menschen.

Da der Herr diese Dinge in uns und für uns bewirkt, möchte er auch alle Ehre dafür bekommen. Wir sollen ihm danken und nicht unseren Prinzipien, Methoden und Formeln.

Deshalb singen wir auch: »Oh Gott, *dir* sei Ehre, *du* hast Großes getan!«

Gläubige sind erfolgreich

Wirket nicht für die Speise, die vergeht, sondern für die Speise, die da bleibt ins ewige Leben, die der Sohn des Menschen euch geben wird! Denn diesen hat der Vater, Gott, beglaubigt.

Da sprachen sie zu ihm: Was sollen wir tun, damit wir die Werke Gottes wirken?

Jesus antwortete und sprach zu ihnen: Dies ist das Werk Gottes, dass ihr an den glaubt, den er gesandt hat.

Johannes 6,27-29 (Elberfelder)

Ich weiß gar nicht, wie oft ich schon zum Herrn gesagt habe: »Vater, was willst du, das ich tun soll? Bitte zeig mir, was zu tun ist und ich werde es mit frohem Herzen tun.«

Ich war eine Macherin. Man brauchte mir nur zu zeigen, was zu tun war und ich tat es - und zwar sorgfältig. Doch was mich frustrierte und auch durcheinander brachte, war, wenn ich etwas richtig machte und es trotzdem nicht funktionierte.

»Was sollen wir tun, damit wir die Werke Gottes wirken?«, wollten die Menschen wissen. Niemand hatte ihnen gesagt, dass sie die Werke Gottes tun sollten. Das war ihre eigene Idee. Gott ist groß genug, seine eigenen Werke zu wirken.

Doch so sind wir. Wir hören von den großen Taten Gottes und sofort ist unsere Reaktion: »Herr, zeige mir, was ich tun kann, um diese Werke zu wirken.«

Doch was antwortete Jesus diesen Menschen? »Dies ist das Werk, dass Gott von euch fordert: *Glaubt.*«

Als der Herr mir diese Textpassage zeigte, dachte ich zuerst, er würde mir zeigen, wie ich erfolgreich sein Werk tun kann. Und in gewisser Hinsicht zeigte er mir das auch.

Er forderte mich auf: »Glaube.«

»Und das ist alles?«, wollte ich wissen.

»Ja«, antwortete er, »das ist alles.«

Wir denken oft, dass wir erfolgreich sein müssen. Doch das Geheimnis unseres Erfolges liegt im Glauben. So werden wir frei von Sorgen und Grübeleien.

Kapitel 3

Frei von Sorgen und Grübeleien

Frieden lasse ich euch, meinen [eigenen] Frieden gebe ich euch; nicht wie die Welt gibt, gebe ich euch. Euer Herz werde nicht bestürzt, sei auch nicht furchtsam. [Hört auf, es euch selbst zu gestatten, unruhig und verstört zu sein; erlaubt es euch nicht, furchtsam, ängstlich, feige und unsicher zu sein.]

Johannes 14,27 (Elberfelder mit eigener Übersetzung)

Dieser Bibelvers zeigt uns ganz offensichtlich: Gott möchte, dass seine Kinder frei von Sorgen und Grübeleien sind.

Im Wörterbuch wird *sich sorgen* wie folgt definiert: sich selbst mit beunruhigenden Gedanken zu quälen, sich unruhig, ängstlich und besorgt zu fühlen, oder sich mit Ärger, Sorgen und Befürchtungen zu quälen. Das steckt alles hinter dem Begriff sich sorgen.

Es gibt aber auch eine andere Definition im englischen Wörterbuch, über die es sich lohnt, einmal nachzudenken. Diese hat nichts mit einem mentalen oder emotionalen Zustand, sondern mit einer körperlichen Aktivität zu tun. Das englische Wort worry, das wir mit *sich sorgen* übersetzen, bedeutet im Englischen auch, jemanden mit den Zähnen am Hals packen und hin und her schütteln.

Wir alle haben schon einmal gesehen, wie ein Hund oder eine Katze ein kleineres Tier mit dem Maul packt und es so lange hin und her schüttelt, bis es aufgibt. In geistlichen Bereichen kennen wir das auch, wenn der Teufel versucht, uns den Frieden, den wir durch Jesus bekommen haben, zu rauben, indem er uns am Hals packt und uns so lange hin und her schüttelt, bis wir aufgeben.

Es ist also nicht nur so, dass wir uns die Sorgen immer selbst zufügen, sondern manchmal packt uns der Feind am Hals - wenn wir es ihm gestatten.

Das andere Wort, mit dem wir uns in diesem Kapitel beschäftigen, ist *Grübeleien.* Hier bevorzuge ich meine eigene Definition gegenüber denen, die ich in anderen Nachschlagewerken gefunden habe. Grübeleien drehen sich meines Erachtens nach immer im Kreis um eine Situation, wie ein Gedankenkarussell und sie versuchen, zu verstehen und zu begreifen.

Ist das nicht eine ziemlich gute Beschreibung dessen, was passiert, wenn wir uns gedanklich mit Problemen beschäftigen? Wenn uns etwas bedrückt, dann drehen und wenden wir es, beleuchten das Problem von allen Seiten und wollen immerfort Antworten und Lösungen dafür finden.

Während es sich bei Sorgen fast immer um negative und sinnlose Gedanken handelt, die nichts Gutes bewirken, so mögen Grübeleien zuerst einmal positiv und produktiv *erscheinen.* Sie können uns das Gefühl geben, wir hätten unsere Situation durchschaut und überblickt. Vielleicht erleben wir dann sogar einen gewissen Frieden, weil wir meinen, einen Weg gefunden zu haben, wie wir mit dem umgehen können, was uns betrübt. Doch das ist oft nur ein falscher Friede, der nicht lange anhält, denn dann versuchen wir, ein Problem zu lösen, indem wir uns auf unseren Verstand und nicht auf den Herrn verlassen.

Verlassen Sie sich auf den Herrn und nicht auf sich selbst

Vertraue auf den HERRN mit deinem ganzen Herzen und stütze dich nicht auf deinen Verstand! Auf all deinen Wegen erkenne nur ihn, dann ebnet er selbst deine Pfade! Sei nicht weise in deinen Augen, fürchte den HERRN und weiche vom Bösen!

Sprüche 3,5-7 (Elberfelder)

Wenn der Schreiber dieser Sprüche uns in Vers 7 auffordert, nicht weise in den eigenen Augen zu sein, meint er damit, dass wir nicht der Meinung sein sollen, alles, was in unserem Leben passiert, verstehen zu können. Sie und ich haben nicht die Fähigkeit, eine Antwort auf alles zu wissen, damit wir in dieser Welt siegreich leben können.

Nun, ich muss gestehen, dass ich die meiste Zeit meines Lebens jemand war, der allem immer auf den Grund gehen wollte. Ich dachte und grübelte ständig über alles nach. Es reichte mir nicht, nur zu wissen, was Gott tun würde, ich wollte auch wissen, wann und wie er es machen würde.

Wenn der Herr etwas für mich tat, womit ich nicht gerechnet hatte, wollte ich herausfinden, wie er es gemacht hatte. Wenn ein anonymer Wohltäter mir etwas Gutes getan hatte, konnte ich die ganze Nacht nicht schlafen, weil ich wissen wollte, wer die Person, die mich so gesegnet hatte, wohl sein könnte.

Doch eines Tage offenbarte der Herr mir etwas. Er sprach zu mir und sagte: »Joyce, du bist nicht halb so schlau wie du denkst. Du glaubst, dass du schon vielem auf den Grund gegangen bist, doch in Wirklichkeit hast du alles in den falschen Schlitz gesteckt.«

Ich wusste sofort, wovon er sprach. Wir hatten in meinem Büro kleine Briefschlitze für jeden Angestellten. Oft steckte ich eine Nachricht in den Schlitz eines Mitarbeiters und erwartete, dass dieser meiner Nachricht nachkommen würde. Wenn ich dann später herausfand, dass diese Person das, worum ich sie gebeten hatte, nicht ausgeführt hatte, fragte ich sie: »Hast du meine Nachricht nicht in deinem Schlitz gefunden?« Manchmal fand ich dann heraus, dass diese Person meine Nachricht nicht erhalten hatte, weil ich sie in den falschen Schlitz gesteckt hatte. Gott offenbarte mir, dass genau das Gleiche in anderen Bereichen meines Lebens passierte.

Der Herr benutzte gerade dieses Beispiel aus meinem eigenen Erfahrungsbereich, um mir zu zeigen, dass ich viel zu viel Zeit und Energie mit Sorgen und Grübeleien verschwendete, indem ich alles, was in meinem Leben geschah, ergründen und kontrollieren wollte. Er zeigte mir: Manchmal sind wir der Meinung, etwas herausgefunden zu haben und sechs Monate oder später erfahren wir, dass die Dinge gar nicht so sind, wie wir angenommen haben.

Das sagt uns der Schreiber des Buches der Sprüche, wenn er uns in dieser Passage auffordert, uns nicht auf unseren Verstand zu verlassen, sondern dem Herrn zu vertrauen, zuversichtlich zu sein und uns auf ihn zu verlassen. Doch woher wissen wir, wann wir uns auf uns selbst und nicht auf den Herrn verlassen?

In Sprüche 16,9 lesen wir: **Das Herz des Menschen plant seinen Weg, aber der HERR lenkt seine Schritte.** Es ist weise, wenn man die Arbeit plant und dann nach diesem Plan arbeitet. Und doch werden wir darauf hingewiesen, dass Gottes Pläne und nicht unsere uns den gewünschten Erfolg bringen. Wo ist hier denn nun der Mittelweg?

Wir brauchen einen Plan, ein Konzept, um etwas zustande zu bringen und das wissen wir. In Epheser 5,17 warnt uns der Apostel Paulus: **Darum seid nicht töricht, sondern versteht, was der Wille des Herrn ist!**

Wir brauchen Planung, um unsere Schule zu beenden, eine Anstellung zu finden, zu heiraten, Kinder zu bekommen, Geld zu sparen, ein Auto zu kaufen, ein Haus zu bauen, in den Urlaub zu fahren oder irgendetwas zu tun, was wir in unserem Leben so auf die Beine stellen. Ohne Planung würden wir Gottes Wort nicht lesen, nicht beten, keinen Gottesdienst besuchen oder irgendetwas tun, damit unsere Beziehung zu Gott sich vertieft. Es geht also nicht darum, dass wir unser Leben nicht planen sollen. Unsere Planungen sind nicht das Problem, sondern unsere Sorgen und Grübeleien.

Vorsicht vor Maßlosigkeit

Ich sage immer: *Maßlosigkeit ist die Spielwiese Satans*. Und ich glaube, da ist etwas dran.

Nicht *normales* sondern *exzessives (maßloses)* Planen bereitet uns häufig Probleme. Alles, was nicht ausgewogen ist, wird zum Problem. Wir konzentrieren uns so sehr auf die Kleinigkeiten, dass wir den Blick für das Ganze verlieren. Wir sind so damit beschäftigt, jeden kleinsten Aspekt unseres Alltags zu managen, dass wir ganz vergessen, das Leben zu genießen.

Und das ist Maßlosigkeit.

Ich kann Ihnen sagen, wie Sie herausfinden können, ob Ihre Lebensplanung sich vom normalen Kümmern hin zu Sorgen und Grübeln entwickelt hat.: Wenn Sie frustriert und unsicher sind, sind Sie zu weit gegangen. Als der Herr mir dies für mein eigenes Leben zeigte, hat es mir sehr geholfen.

Denken Sie daran, jedes Mal, wenn Sie sich frustriert oder verunsichert fühlen, ist das ein Zeichen dafür, dass Sie nicht in seiner Gnade, sondern in Ihren Werken leben. Wenn Sie ein Problem in Ihrem Leben haben und nicht wissen, wie Sie damit umgehen sollen, brauchen Sie mehr Gnade, anstatt weiter darüber nachzudenken und zu grübeln. Wenn Sie keine Lösung für Ihr Problem sehen, dann brauchen Sie den Herrn, der Ihnen die Lösung zeigt. Je mehr Sie sich sorgen und grübeln, je mehr Sie sich belasten und anspannen und das Problem immer und immer wieder in Ihrem Kopf wälzen, desto unwahrscheinlicher wird es für Sie, eine Lösung zu finden.

Sie müssen den Geist Gottes hören, doch je mehr Sie sich auf das Fleisch verlassen, desto weniger werden Sie Gottes Antwort auf Ihre Probleme vernehmen. Das Wort Gottes gibt uns die Anweisung, dem Frieden zu folgen (Hebräer 12,14; Bruns). Grübeleien bringen keinen Frieden. Sie bringen Verwirrung.

Der Friede Gottes

Und der Friede des Christus regiere in euren Herzen, zu dem ihr auch berufen worden seid in einem Leib! Und seid dankbar!

Kolosser 3,15 (Elberfelder)

Was war das für ein Friede für mich, als ich herausfand, dass ich nicht alles ergründen musste. Ich bin wirklich froh, sagen zu können, dass ich von meinen Grübeleien befreit worden bin. Und wenn ich davon frei werden konnte, können Sie das auch, denn ich war Weltmeisterin im Grübeln. Ich dachte über alles nach, immer wieder, und verbrachte mein Leben damit, herauszufinden, was als nächstes zu tun war.

Das Fleisch liebt diese Art von Beschäftigung. Dessen sollten Sie sich bewusst sein. Natürlich stehen bestimmte Persönlichkeitstypen, zu denen auch ich gehöre, in größerer Gefahr, in Grübeleien zu verfallen. Denker lieben es, über ihre Probleme nachzusinnen und zu versuchen, herauszufinden, wie sie am besten mit ihnen umgehen. Genau so habe ich es gemacht. Ich begann jeden Tag damit, mich mit einer Tasse Kaffee hinzusetzen und Gemeinschaft mit meinen Problemen zu haben.

Haben Sie Gemeinschaft mit Ihren Problemen oder mit dem Herrn? Bauen Sie auf Werke oder auf Gnade?

Gnade im Vergleich zu Werken

Wenn aber durch Gnade, so nicht mehr aus Werken; sonst ist die Gnade nicht mehr Gnade. Wenn aber aus Werken, so nicht mehr aus Gnade; sonst sind Werke nicht mehr Werke.

Römer 11,6 (Übersetzung der King James Version)

Der Apostel Paulus sagt uns in diesen Versen ganz einfach: Gnade und Werke liegen diametral entgegengesetzt auseinander. Sie können keine Gemeinschaft miteinander haben, noch haben sie irgendetwas miteinander zu tun.

Oder anders ausgedrückt: Gnade und Werke schließen sich gegenseitig aus. Wo eines von ihnen ist, kann das andere nicht sein.

Wenn Sie und ich auf Werke bauen, sind wir ohne Gnade. Wenn wir aus Gnade leben, sind wir ohne Werke. Jedes Mal, wenn wir uns wieder um Werke bemühen, hört die Gnade auf, bei uns zu wirken. Gott zieht sich dann zurück und wartet, bis wir damit aufhören, die Dinge auf unsere Art und Weise regeln zu wollen.

Solange wir weiterhin unsere Probleme auf unsere eigene Weise lösen wollen, werden wir nur immer frustrierter und verwirrter. Das kommt daher, weil wir versuchen, ohne die Gnade Gottes zu handeln - und das ist zum Scheitern verurteilt.

Das Gebetsanliegen, das ich in meinem Dienst am meisten höre, ist die Bitte um Führung. Viele Menschen wissen scheinbar einfach nicht, was sie machen sollen. Die Situationen, denen sie in ihrem alltäglichen Leben gegenüber stehen, verwirren und frustrieren sie. Sie brauchen Hilfe und wissen nicht, wo sie danach suchen sollen. Sie brauchen Antworten und wissen nicht, wo sie zu finden sind.

Ich werde nie vergessen, wie der Herr begann, mich auf dieses Thema vorzubereiten. Zu dieser Zeit bat ich Gott inständig um ein gutes Urteilsvermögen, das nicht vom Verstand her kommt, sondern aus dem Herzen des »inneren Menschen« (Epheser 3,16). Diese Einsicht ist einfach Gottes Weisheit für jede Lebenssituation. Es ist eine »geistliche Gewissheit«, wie man mit den Dingen umgehen soll.

Wenn ich ein Problem habe, muss ich nicht versuchen, es zu verstehen, ich brauche Einsicht. Es ist wichtig, von Gott zu hören. Ich brauche Gottes Wort für diese Situation. Ich möchte von ihm gezeigt bekommen, was zu tun ist.

Als ich so betete und Gott um diese Einsicht bat, sprach der Herr zu mir und sagte: »Joyce, du wirst dieses Urteilsvermögen nicht bekommen, bis du nicht deine Grübeleien aufgibst.«

Er sagte nicht, »bis ich dich von deinen Grübeleien befreit habe,« sondern er sagte »bis du deine Grübeleien aufgibst.«

Wenn Sie zu den Menschen gehören, die allen Dingen im Leben auf den Grund gehen wollen, dann bedenken Sie, das ist nur eine Angewohnheit, eine schlechte Angewohnheit, eine Angewohnheit, die Sie brechen müssen. Vielleicht sind Sie genau so wie ich gestrickt. Sobald nämlich ein Problem oder eine Situation auftauchte, versuchte ich sofort eine Lösung dafür zu finden. Wenn dem so ist, dann müssen Sie mit dieser gewohnheitsmäßigen Reaktion brechen.

Wie ich schon sagte, wenn Sie frustriert oder verunsichert sind, ist das ein sicheres Zeichen dafür, dass Sie maßlos leben, dass Sie sich mehr auf Werke als auf die Gnade verlassen.

Verwirrung und Unordnung sind nicht von Gott. Die Bibel sagt, dass Gott nicht ein Gott der Unordnung ist, sondern des Friedens (1. Korinther 14,33). Sobald Sie anfangen, sich frustriert oder durcheinander zu fühlen, Sie Ihren inneren Frieden verlieren, sagen Sie zu sich selbst: »Oh, ich bin zu weit gegangen.« Sie müssen sich klarmachen, dass Sie sich aus der Gnade hinaus und in Werke hinein bewegt haben. Sie müssen Ihre eigenen Anstrengungen an den Nagel hängen und sich ganz dem Herrn anbefehlen. Legen Sie Ihre Situation ganz in seine Hände.

Sobald Sie sich von Ihren Grübeleien getrennt und sich wieder in die Gnade Gottes hineinbegeben haben, öffnen Sie den Kanal des Glaubens, durch den er anfangen kann, Ihnen zu zeigen, was Sie wissen müssen, damit Sie mit dem Problem oder der Situation gut umgehen können. Kommen Sie in Gottes Ruhe, und Sie werden anfangen, seine Antworten zu verstehen.

Vergessen Sie nicht: Sorgen und Grübeleien bewirken nur noch mehr Frustration und Verwirrung. Sie müssen sich keine Sorgen machen und sich Grübeleien hingeben. Werden Sie stattdessen ruhig und hören Sie zu. Sie werden erst dann darin Fortschritte machen, Gott besser zu verstehen, wenn Sie mit den maßlosen Grübeleien aufgehört haben.

Was sagt uns der Apostel Paulus in Römer 11,6? Er sagt, dass wir, wenn wir auf Werke bauen, nicht in der Gnade Gottes sind, denn Werke und Gnade haben nichts miteinander zu tun.

Wir haben uns schon Sacharja 4 angesehen, wo die Israeliten

versuchten, dem Herrn einen Tempel zu bauen und fertigzustellen. Die Samariter baten sie, beim Bau des Tempels für Jahwe mithelfen zu dürfen, doch ihre Antwort war: »Nein, denn ihr habt keinen Anteil an uns. Dies ist unser Projekt.« Genau diese Einstellung brauchen wir, wenn es um Werke geht. Werke haben keinen Anteil an der Gnade. Deshalb sagen Sie dann: »Werke, ihr habt keinen Anteil an meinem Leben. Ich lebe aus Gnade.«

Die Israeliten waren besorgt und frustriert durch einen Berg von menschlichen Hindernissen. Der Herr gab ihnen die Anweisung, wie sie den Berg aus dem Weg schaffen konnten. Er sagte zu ihnen: »Nicht durch Macht oder Kraft, sondern durch meinen Geist« (Sacharja 4,6). Später sagte er dann: »Wer bist du, großer Berg? ... Gnade, Gnade für ihn« (Sacharja 4,7).

Sie und ich sollen nicht versuchen, den Berg mit einem Hammer abzutragen. Wir sollen sagen: »Gnade, Gnade!«

Wo Werke versagen, triumphiert die Gnade immer.

Ein Wort des Herrn

Vor einiger Zeit, es war kurz vor einer Versammlung, in der ich über dieses Thema lehren wollte, gab jemand meinem Mann einen Zettel mit einem Wort des Herrn und bat ihn, mir diesen zu geben. Ich bin mir sicher, dass diese Person keine Ahnung hatte, in welche Richtung die Versammlung gehen würde, doch die Botschaft passte genau hinein. Sie passte auch zu einer Prophetie, die der Herr mir früher gegeben hatte und die ich Ihnen im Verlauf dieses Kapitel mitteilen möchte.

Beide Botschaften sind voll göttlicher Salbung, deshalb bitte ich Sie, sie selbst zu lesen, um zu erkennen und zu sehen, was der Herr uns mit diesen Worten sagen will. Die erste war:

Ich möchte, dass du dir den Berg anschaust,
damit du siehst,
wenn der Berg aus dem Weg ist,
bleibe nur noch ich übrig.

Der Herr ist immer da. Doch manchmal scheint der Berg größer als der Herr zu sein. Deshalb möchte ich Sie ermutigen, mit dem Berg zu sprechen, doch Ihren Blick auf den Herrn gerichtet zu halten.

Was meint Gott damit, wenn er uns auffordert, den Berg anzuschauen? Er will uns sagen, dass wir uns nicht zu fürchten brauchen und uns auch nicht durch die Größe des Hindernisses, mit dem wir in unserem Leben konfrontiert sind, einschüchtern lassen sollen.

Sie und ich müssen zu dem Punkt kommen, an dem wir keine Angst mehr vor dem Feind oder seinem Werk haben. Haben Sie keine Furcht vor dem Teufel oder vor den Problemen, die er verursacht. Seien Sie sich dessen gewiss, dass Sie durch die Kraft des Heiligen Geistes den Berg anschauen und ihn aus Ihrem Weg räumen können.

Wir versuchen immer, Hindernisse zu vermeiden. Wir laufen ständig vor den Dingen weg, die sich uns in den Weg stellen. Wenn wir das machen, laufen wir in Wirklichkeit vor dem Feind weg, denn er stellt uns ja diese Hindernisse aus einem bestimmten Grund in den Weg - damit wir Angst bekommen und aufgeben.

Deshalb werden wir in Epheser 6,11-17 aufgefordert, die ganze Waffenrüstung Gottes anzulegen, den Schild des Glaubens zu ergreifen, ebenso das Schwert des Geistes, welches das Wort Gottes ist und mit dem wir dem Feind, der uns angreift, widerstehen können. Ist Ihnen schon einmal aufgefallen, dass es keinen Teil der Rüstung gibt, der unseren Rücken schützt? Wissen Sie warum? Weil Gott der Meinung ist, dass wir das nicht brauchen. Er will nicht, dass wir uns umdrehen und einfach weglaufen.

Sie und ich sollen nicht den Schwanz einziehen und vor dem Feind wegrennen. Stattdessen: **Werdet stark im Herrn und in der Macht seiner Stärke** (Epheser 6,10)! Wir sollen glauben und wissen, dass der, der in uns ist, größer ist als der, der in der Welt ist (1. Johannes 4,4).

Nun, ich muss zugeben, die Versuchung ist groß, aufzugeben

und einfach wegzurennen, wenn wir nicht wissen, was zu tun ist. Manchmal, wenn das Problem uns dicht auf den Fersen scheint, ist es oft so leicht, die Hände hochzuheben und aufzugeben, in der Hoffnung, dass es verschwindet. Wir müssen im Geist stark sein. **Der Geist des Menschen überwindet die Krankheit,** ... (Sprüche 18,14). Wir kennen vielleicht die Antwort auf unser Problem nicht, doch kennen wir den einen, der die Antwort hat.

Wir dürfen nicht vergessen, dass unsere Freunde meistens nicht die Antwort haben, die wir brauchen. Zu oft läuft einer zum anderen und sucht nach Antworten, anstatt direkt zum Herrn zu laufen. Wenn Sie ein Problem haben, laufen Sie zum Telefon oder zum Thron? Gott hat genau die richtige Antwort und Lösung für jede Situation, der Sie und ich in unserem Leben ausgesetzt sein werden. Wir müssen lernen, zu ihm zu gehen, um die Weisheit zu bekommen, die wir brauchen. Er hat versprochen, dass er sie uns geben wird (Jakobus 1,5). Aber nicht, wenn wir auf Werke bauen (Jakobus 1,6-7).

Sorgen und Grübeleien sind Werke.

Wissen Sie, warum Sie und ich immer versuchen, allem auf den Grund zu gehen? Weil wir die Kontrolle behalten wollen. Wir haben dieses fast unwiderstehliche Verlangen, alles *zu wissen*. Doch was wir wirklich brauchen, ist *zu glauben*.

Erinnern Sie sich daran, was Jesus denen geantwortet hat, die ihn fragten, was sie, um die Werke Gottes zu tun, machen sollten? Er sagte zu ihnen: **Dies ist das Werk Gottes, dass ihr an den glaubt, den er gesandt hat.** (Johannes 6,29; Elberfelder)

Für einige von uns ist es nicht leicht, zu glauben, weil wir arbeitswütig sind. Wir sind abhängig von Sorgen und Grübeleien. Sorgen und Grübeleien sind Gewohnheiten, die wir mit Gottes Hilfe brechen müssen. Jedes Mal, wenn wir uns selbst dabei ertappen, müssen wir uns daran erinnern, unseren Glauben auf Gott und nicht auf unsere Werke zu setzen. Wir dürfen nicht vergessen, dass wir mit Sorgen und Grübeleien nicht die Gnade Gottes empfangen. Und wenn wir nicht die Gnade Gottes empfangen, dann sind wir Gott nicht gehorsam. Und das leitet uns direkt zu den letzten beiden Teilen der Botschaft des Herrn:

Gott gehorsam sein

Nur ich kann den Berg bewegen,
nur ich kann ihn wegschieben,
nur ich kann die Probleme überwinden,
denen du heute gegenüberstehst.

Deine einzige Aufgabe ist es, zu glauben,
auf meine Stimme zu hören,
und wenn du meinen Befehl hörst,
dann entscheide dich für den Gehorsam.

Das bedeutet nicht, dass wir nichts mehr tun sollen. Doch unsere vorrangige Aufgabe ist es, zu glauben. Wenn Gott dann zu uns spricht und uns sagt, was zu tun ist, gehen wir in diesem Geist des Gehorsams und des Glaubens weiter, indem wir einfach das tun, was Gott gesagt hat.

Überlassen Sie Gott den Rest

Wir machen uns keine Sorgen über Resultate. Wir tun einfach, was Gott sagt und überlassen ihm den Rest, in dem festen Vertrauen: Wenn wir das Ziel erreichen, wird alles in Ordnung sein, weil er es versprochen hat:

Ich werde es nicht zu schwer machen,
denn der Sieg ist bereits mein,
und ich werde dich mit meinem Geist erfüllen
und durch dich wird meine Gnade sichtbar sein.
Nicht erst, wenn du perfekt bist,
denn diesen Anspruch stellst du an dich,
sondern wenn dein Herz willig ist,
immer mehr zu werden wie ich.

Gnade ist, es Gott zu überlassen

Wie gesagt, diese Botschaft wurde mir gegeben, bevor ich meine Predigt, die identisch mit dem Thema dieses Buches war, hielt. Schauen Sie sich noch einmal die gesamte Botschaft des Herrn an und werden Sie dadurch gesegnet. Folgende Prophetie hat der Herr mir vor Jahren gegeben:

> Nur wenige meiner Kinder vertrauen mir wirklich oder verlassen sich auf mich. Ich habe Berge, Berge von Gnade, die ich nie anrührte, weil ich nur sehr wenige finde, die ihre Herzen durch den Glauben öffnen, um meine Gnade zu empfangen. Möchtest du wirklich wissen, was Gnade ist? Nun, höre mir zu und ich werde dir eine neue und andere Definition der Gnade Gottes geben. Gnade ist, wenn du mich das tun lässt, was ich in dieser Welt durch dich tun möchte.

Gnade bedeutet also nicht, dass wir etwas tun, sondern dass wir Gott die Dinge durch uns tun lassen. Wenn die Gnade wirksam wird, müssen wir verstandesmäßig ruhig werden und dem Herrn vertrauen, ohne Sorgen und Grübeleien.

Möchten Sie, dass Ihre Seele zur Ruhe kommt? Das kann sie, wenn Sie ganz an die Gnade Gottes glauben.

Wie wir bereits gesehen haben, ist Gnade viel mehr als nur unverdiente Gunst, sie ist die Kraft Gottes, die über eine Person, die sie nicht verdient hat, kommt.

Gnade bedeutet, Gott tut uns einen Gefallen, indem er mit seiner Kraft und Macht zu uns kommt, um etwas in und durch uns zu vollbringen, was wir nicht verdienen. Dann können wir nur noch dankbar sein. Ich glaube sogar, wir können erst dann wirklich dankbar sein, wenn wir die Gnade Gottes in ihrer Fülle verstanden haben. Wenn wir begriffen haben, dass wir *alles* Gute, was wir haben, Gottes Güte verdanken, dann können wir nur noch zutiefst dankbar sein.

Man kann Gott nur schwer alle Ehre geben, wenn man glaubt, dass man das, was man von ihm empfängt, verdient hat. Und es ist schwer, Gott nicht alle Ehre zu geben, wenn man weiß, dass man nichts von all dem verdient hat, was man von ihm empfängt. Es ist auch schwer, sich Sorgen zu machen, wenn man weiß, dass unsere Bedürfnisse nur durch die Gnade und nicht durch das Sorgen gestillt werden.

Gnade im Vergleich zu Sorgen

Wissen Sie, warum die Gnade uns davon abhält, sich zu sorgen? Weil Sorgen sich immer um die Vergangenheit drehen, während Gnade (unverdiente Gunst) sich immer um die Gegenwart und Zukunft kümmert.

Meistens machen wir uns über die Dinge Sorgen, die uns in der Vergangenheit passiert sind, Dinge, die wir nicht ändern können. Wir machen uns Sorgen wegen unserer Fehler, unseres Versagens, die unserer Meinung nach die Dinge so haben werden lassen, wie sie heute sind und damit jegliche Zukunftsperspektive zerstört haben.

Wir denken an die dummen, falschen Sachen, die wir gesagt und getan haben und wir denken: »Oh, ich wünschte mir, ich hätte das nie gesagt oder ich hätte das nie getan.« Genau an dieser Stelle greift die Gnade. Wir müssen lernen, der Gnade Gottes zu vertrauen, dass sie die Fehler der Vergangenheit repariert und unsere Zukunft bestimmt.

Gott sagt, dass er Berge voller Gnade hat, doch was machen wir? Wir arbeiten und kämpfen und mühen uns ab und schlussfolgern und grübeln. Wir sorgen uns um die Gegenwart und fürchten die Zukunft, weil wir nicht wissen, was wir mit der Vergangenheit anfangen sollen. Anstatt zu glauben, dass wir morgen auch die Antworten haben werden, die wir dann brauchen, sorgen wir uns, machen uns Gedanken, versuchen herauszufinden, was wir heute tun müssen, um die Vergangenheit wieder gut zu machen und die Zukunft zu retten.

Doch wir sollten heute ruhen und dem Herrn vertrauen, anstatt uns über das Gestern und das Morgen Sorgen zu machen.

Der Herr kümmert sich um unsere Vergangenheit, Gegenwart und Zukunft.

Gottes Plan beinhaltet Gottes Gnade

Denn wir sind sein (eigenes) Gebilde (seine handwerkliche Arbeit), in Christus Jesus geschaffen (wiedergeboren) zu guten Werken, die Gott zuvor bereitet (geplant) hat, damit wir (die Wege gehen, die er zuvor bereitet hat) in ihnen wandeln sollen (und ein wohlgefälliges Leben leben, dass er für uns zuvor bereitet und bereitgestellt hat).

Epheser 2,10 (Elberfelder mit eigener Übersetzung)

Es ist sehr schwer, das Leben zu genießen, wenn wir dem Heute nicht vertrauen, keinen Frieden über Gestern haben und ohne Zuversicht für das Morgen sind. Warum? Weil wir unser ganzes Leben lang immer Situationen gegenüberstehen werden, für die wir nicht alle Antworten wissen.

»Gut, aber wenn wir genug Glauben haben, kommen wir nicht dann an den Punkt, wo das nicht mehr der Fall sein wird?«

Nein, es wird immer etwas in unserem Leben geben, mit dem wir nicht umzugehen wissen. Sonst brauchten wir ja auch keinen Glauben und müssten Gott nicht vertrauen. Der Herr kümmert sich darum, dass wir immer von ihm abhängig bleiben. Wissen Sie, wie er das tun wird? Indem er uns in Situationen hineinführt, die uns über den Kopf wachsen. Deshalb macht sich Gott auch nie Sorgen, selbst wenn wir besorgt sind. Warum nicht? Weil er bereits genau weiß, was er machen wird. Er hat einen Plan, einen Weg und einen Dienst für uns bereit.

Doch auch wenn der Herr schon einen Plan, dem wir folgen sollen, einen Weg, den wir gehen sollen und einen Dienst, den wir tun sollen, für uns hat, wird er uns dennoch nicht heute schon all die Antworten geben, die wir morgen erst brauchen. Er hat jeden Morgen neue Gnade für den Tag, der vor uns liegt, damit wir den Herausforderungen gewachsen sind.

Vielleicht haben Sie schon einmal die Geschichte von dem

jungen Mann gehört, der im Gefängnis war und am nächsten Tag um seines Glaubens willen auf dem Scheiterhaufen verbrannt werden sollte. In seiner Zelle saß auch ein älterer, erfahrenerer Christ, der schon mehr von den Wegen des Herrn wusste. Als es dunkel wurde, zündete der junge Mann ein Streichholz an, um eine Kerze zu entzünden. Dabei verbrannte er sich an seinem Finger. Er schrie auf vor Pein und Schmerzen und sagte zu seinem Kameraden: »Wie soll ich es aushalten, morgen auf dem Scheiterhaufen verbrannt zu werden, wenn ich heute diese kleine Verbrennung an meinem Finger nicht aushalten kann?«

Der ältere Mann antwortete ihm ruhig: »Sohn, Gott hat dich nicht darum gebeten, dir deinen Finger zu verbrennen. Deshalb gibt es dafür keine Gnade. Doch er bittet dich darum, für deinen Glauben zu sterben. Daher wirst du Gnade erleben, wenn die Zeit gekommen ist.«

Ganz gleich, was passiert. Gott entgleitet nichts. Er hat einen Plan für alles, was uns in diesem Leben begegnen wird. Und seine Gnade reicht aus, unsere Bedürfnisse zu stillen (2. Korinther 12,9).

Gott verschwendet seine Gnade nicht

Lasst uns nun mit Freimütigkeit hinzutreten zum Thron der Gnade, damit wir Barmherzigkeit empfangen und Gnade finden zur rechtzeitigen Hilfe!

Hebräer 4,16 (Elberfelder)

Wir verstehen oft nicht, dass Gott zwar Berge voller Gnade hat, sie aber nicht verschwendet.

Gott schüttet nicht seine Gnade eine Woche im voraus aus, damit wir uns in ihr suhlen können. Wissen Sie, warum nicht? Weil Gnade eine Kraft ist und Gott geht nicht leichtsinnig mit seiner göttlichen, wunderwirkenden Kraft um.

Es gibt keinen Grund, warum uns der Herr heute schon geben sollte, was wir erst morgen brauchen, nur damit wir uns gemütlich zurücklehnen und sagen können: »Kein Problem.« Wir bekommen Gottes Gnade, seine Kraft, dann, wenn wir sie brauchen und nicht vorher. Deshalb brauchen wir Glauben und deshalb müssen wir dran bleiben, den Herrn immer wieder zu suchen. Das hält uns davon ab, zu selbstsicher zu werden und zu meinen, Gott nicht mehr nötig zu haben. Stattdessen wissen wir, dass der Glaubenskanal offen sein muss, um Gottes Gnade in Zeiten der Not zu empfangen.

Das Beste, was uns je passieren kann, ist, wenn wir in unserem Leben als Christen so viele Erfahrungen und Erkenntnisse über uns selbst gesammelt haben, dass wir aufhören, uns auf unsere eigene Stärke und Fähigkeit zu verlassen. Doch diese Entwicklung braucht Zeit.

Ein anderer interessanter Aspekt der Gnade, neben der Tatsache, dass Gott sie nicht verschwendet, ist: Sie kann vermehrt und verringert werden, je nach Bedarf.

Manchmal stehen wir besonderen Herausforderungen in unserem Leben gegenüber, Dingen, die nicht in das normale Muster passen und außerhalb unserer Alltagsroutine liegen. Sie setzen uns unter großen Druck und Stress. In diesen Fällen entdecken wir oft unsere außergewöhnliche Fähigkeit, diese herausfordernden Umstände auszuhalten. Es gibt sogar Zeiten, in denen uns die Situationen, die wir eigentlich zutiefst verabscheuen, durch die Gnade Gottes auf unserem Leben gar nichts ausmachen.

Das passiert, weil Gottes Gnade die Fähigkeit hat, zu- oder abzunehmen, je nach unseren Bedürfnissen.

Vielleicht sind Sie jetzt gerade in einer Lage, in der Sie ein volles Maß der treuen Gnade Gottes wirklich nötig haben. Wenn dem so ist, rufen Sie zum Herrn und er wird Ihnen die Gnade geben, die Sie brauchen, um die Herausforderung siegreich zu meistern. Auch wenn Gott seine Gnade nicht verschwendet, ist er doch immer bereit, all die Gnade und Kraft auf uns zu gießen, die wir brauchen, um durch die schweren Zeiten des Lebens hindurchzukommen.

Gnade und eine negative Einstellung

Es gibt einige Dinge, die uns davon abhalten können, die Gnade Gottes zu empfangen. Wie bereits gesagt, gehört Unwissenheit dazu, wenn man einfach nicht weiß, dass man den Herrn anrufen kann, damit er in Zeiten der Not seine Gnade ausgießt. Auch eine negative Einstellung gehört dazu.

Jammern und Gnade passen nicht zusammen.

Oft machen wir den Fehler, vom Aufgang der Sonne bis zum Einbruch der Dunkelheit nur zu jammern und zu klagen und versuchen gleichzeitig, die Kraft Gottes, die uns helfen soll, ein Problem zu lösen, in unserem Leben zu aktivieren.

Wir können oftmals nicht in die Gnade Gottes eintauchen, weil unsere Einstellung einfach falsch ist. Sie und ich können nicht davon ausgehen, dass Gott in eine Situation eingreift, in der wir nur ständig murren und nörgeln und pingelig, eifersüchtig und neidisch sind. Woher ich das weiß? Weil ich mich so verhalten habe. Ich musste es auf die harte Tour lernen, dass es so einfach nicht geht.

Wir können die Gnade Gottes auch nicht empfangen, wenn wir Mitleid von anderen Menschen wollen oder uns in Selbstmitleid suhlen. Gott wird unsere Wunden heilen, wenn wir nicht andere aufsuchen, die sie verbinden.

Häufig wünschen wir uns die Kraft Gottes auf uns, damit sie die Probleme für uns löst. Gleichzeitig wollen wir aber auch, dass unsere Freunde Mitleid mit uns haben.

Wenn wir zum Beispiel Geldprobleme haben, beten wir vielleicht in unserem stillen Kämmerlein: »Vater, bitte hilf mir. Mir steht das Wasser finanziell bis zum Hals und ich brauche deine Hilfe so dringend. Ich vertraue dir, dass du mir hilfst, denn ohne dich habe ich keine Hoffnung. Herr, nur du kannst mich aus dieser Lage befreien!«

Sobald die Gebetszeit dann vorbei ist, gehen wir mit unseren Kollegen zum Mittagessen und erzählen ihnen eine Stunde lang, wie überarbeitet, unterbezahlt, unbeachtet und unterprivilegiert wir sind. Wir erwarten zwar Gottes Hilfe, aber wir wollen auch von allen bemitleidet werden. Es ist nicht falsch, Lasten mit anderen auf vernünftige Art und Weise und mit den richtigen Motiven zu teilen. Doch sollten wir uns davon fernhalten, Mitleid zu suchen.

Gott führt uns niemals in Situationen, in denen er uns nicht mehr festhalten kann. Seine Gnade reicht immer aus - in jeder Lebenslage. All unser Klagen und Jammern, unser Sorgen und Grübeln ist sinnlos, auch wie wir ständig versuchen, allem auf den Grund zu gehen, und dabei in unserem eigenen Saft schmoren, was uns schließlich nur noch frustriert und durcheinander bringt. Wenn wir uns so verhalten, haben wir keinen Glauben an Gottes beständige Gnade.

Wenn wir die Gnade Gottes empfangen wollen, müssen wir lernen, uns vollständig auf ihn zu verlassen und nicht auf das Mitleid anderer hoffen, oder gar in Selbstmitleid baden.

Nicht wir, sondern Gott

Wir wollen uns nun den Rest der Prophetie, die Gott mir vor einiger Zeit gegeben hat, ansehen:

> Gnade ist, wenn du mich das tun lässt, was ich in dieser Welt durch dich tun möchte. Dabei musst du die feste Entscheidung treffen, auf mich zu warten, damit ich das Gewünschte vollbringen kann, und du darfst nicht davon abweichen. Die Ideen, die Hoffnungen, die Träume in dir sind nicht deine. Sie entstanden bei mir - in meinem Geist, der in dir lebt. Es ist nicht deine Aufgabe, sie wahr werden zu lassen. Deine Aufgabe ist, ein Gefäß oder ein Kanal meiner Gnade zu sein. Niemand von euch kann etwas vollbringen, das solide genug ist, unter Druck standzuhalten.

Eine besondere Aussage

Folgendem Teil der Prophetie wollen wir unsere besondere Aufmerksamkeit widmen:

> Das ist der Grund, warum du so viele Hochs und Tiefs erlebst: Du versuchst, auf die Schwachheit des Fleisches anstatt auf dem soliden Fels zu bauen.

Das Fleisch ist schwach. Man kann sich nicht darauf verlassen. Das Fleisch sagt: »Oh ja, ich werde immer für dich da sein«, und legt sich dann zum falschen Zeitpunkt schlafen - genau wie die Jünger im Garten Gethsemane, als Jesus sie gebeten hatte, eine Stunde mit ihm zu wachen (Matthäus 26,36-40).

Bauen Sie auf schwachem Fleisch oder auf dem starken Felsen?

Nicht durch Werke, sondern durch Gnade

> Alles läuft ganz gut, bis Sturm aufkommt, und dann landest du wieder genau dort, wo du begonnen hast. Du musst dich von allen menschlichen Bemühungen, den Sorgen des Alltags und den fleischlichen Frustrationen frei machen. Doch sieh mal, selbst das kann nur durch meine Gnade geschehen. Bemühungen können keine Bemühungen auslöschen, Frustrationen können keine Frustrationen loswerden und Sorgen können keine Sorgen vertreiben.

Wenn Sie so sind wie ich, werden Sie sofort, wenn Sie diese Botschaft über das Ergründen gehört haben, versuchen, ihr auf den Grund zu gehen. Sie werden sich über die Tatsache Sorgen machen, dass Ihnen klar wurde, dass Sie sich immer Sorgen machen. Sie werden sich Gedanken machen, warum Sie sich immer gleich Gedanken machen.

Genau deshalb trifft dieses Wort des Herrn ins Schwarze.

Denn hier sagt er, dass wir Bemühungen nicht mit Bemühungen auslöschen können, Frustrationen nicht mit Frustrationen loswerden können und Sorgen keine Sorgen vertreiben. Es gibt nur einen Weg, wie wir der Abhängigkeit von *unseren Werken* entfliehen können - und das ist einzig und allein durch *seine Gnade.*

Gnade, Gnade und noch mehr Gnade

> Doch Gnade kann jedes Hindernis aus dem Weg schaffen. Und du wirst herausfinden, sobald Gnade fließt, wird immer mehr Gnade hinzukommen, und noch mehr Gnade, und noch mehr, bis du zu einem Kanal für meine Gnade geworden bist.

Wenn wir erst einmal gelernt haben, Gnade zu empfangen, werden wir als Resultat immer mehr Gnade empfangen, unser Leben lang. Wissen Sie, warum? Wo die Sünde groß ist, da ist die Gnade noch viel größer (Römer 5,20).

Es gibt kein Problem, welches Sie oder ich haben könnten, das zu groß für die Gnade Gottes wäre. Wenn unser Problem größer wird, wird auch Gottes Gnade größer. Wenn unsere Probleme sich vermehren und aus einem zwei, drei oder mehr werden, dann wird die Gnade Gottes um so größer, damit wir damit umgehen können. Ob man nun glaubt, dass Gott die Antwort auf drei Probleme hat oder auf zwei oder sogar nur auf ein Problem, der Glaube bleibt immer gleich. Entweder ist unser Gott groß genug, mit dem zurecht zu kommen, womit wir uns auseinander zu setzen haben, oder er ist es nicht. Was für den Menschen unmöglich ist, ist möglich mit Gott (Lukas 18,27).

Wir können *alle* Dinge tun durch Christus, der uns stark macht (Philipper 4,13). Vertrauen Sie mir, wenn es etwas gibt, das wir tun sollen, dann wird uns der Herr auch die Fähigkeit geben, es zu tun. Er würde uns niemals in eine Situation hinein führen und uns dann in unserer eigenen, schwachen, menschlichen Kraft alleine lassen (Jesaja 41,10).

Ein immerwährender Kraftstrom

Es gibt einen immerwährenden Kraftstrom, und das ist die Gnade, der durch dich hindurchfließen wird und deshalb werden meine Wünsche, meine Hoffnungen, Träume und Ideen in dir geboren werden, ohne weitere Kosten für dich und ohne deine eigenen Bemühungen. Ich werde auf Erden verherrlicht werden und du wirst das Vorrecht und die Ehre haben, Anteil daran zu haben und ein Miterbe dieses Ruhmes zu sein. Meine Gnade steht bereit. **»Kommet zu mir, die ihr mühselig und beladen seid. Ich will euch Ruhe geben«** (Matthäus 11,28).

Wer ein Ohr hat, höre, was der Geist den Gemeinden sagt (Offenbarung 3,6 + 13; Elberfelder)! Ich möchte Ihnen empfehlen, dass Sie sich die Prophetie noch einmal durchlesen und sich selbst fragen: »Empfange ich die Gnade Gottes, die für mich bereit ist?«

Auch ein geringes Wissen ist gefährlich

Denn ich nahm mir vor, nichts anderes unter euch zu wissen, als nur Jesus Christus, und ihn als gekreuzigt.

1. Korinther 2,2 (Elberfelder)

Das ist eine herrliche Schriftstelle.

Sie und ich versuchen, alles zu wissen und hier erzählt Paulus uns, dass er genau das Gegenteil tat.

Im Gegensatz zu uns, die wir uns ständig Sorgen machen über die Dinge, die wir nicht wissen, versuchte Paulus einige der Dinge, die er wusste, loszuwerden. Warum? Weil er herausgefunden hatte, dass Wissen manchmal auch unangenehm sein kann (Prediger 12,12). Er hatte auch entdeckt, dass Wissen stolz machen kann: ... **aber bloßes Wissen macht überheblich** ... (1. Korinther 8,1; NGÜ).

Manchmal ist es so: Je mehr Wissen wir uns aneignen, um so mehr Probleme schaffen wir. Oftmals planen und hecken wir aus, wie wir Dinge aufdecken, die wir am besten in Ruhe gelassen hätten. Haben Sie schon jemals alles daran gesetzt, etwas herauszufinden und als Sie es entdeckt hatten, wünschten Sie sich nichts mehr, als dass Sie sich herausgehalten hätten? Genau deshalb sagt Paulus, dass er sich vorgenommen hat, nichts anderes zu wissen als nur Jesus Christus und ihn als gekreuzigt.

Paulus bezieht sich hier auf die Tatsache, dass der natürliche Mensch nichts von geistlichen Dingen versteht: **Ein natürlicher Mensch aber nimmt nicht an, was des Geistes Gottes ist, denn es ist ihm eine Torheit, und er kann es nicht erkennen, weil es geistlich beurteilt wird** (1. Korinther 2,14).

In meinem eigenen Leben ist es so, dass mein Kopf nicht immer versteht, was der Herr mir aufs Herz legt. Der Herr hat mir auch den Grund dafür klar gemacht: Mein Verstand versteht nicht immer meinen Geist. Manchmal ist es um so schwerer Gott zu folgen, je mehr ich denke, etwas zu wissen.

Die Gesinnung des Fleisches im Vergleich zur Gesinnung des Geistes

Denn die Gesinnung des Fleisches [Sinn und Verstand ohne den Heiligen Geist] ist Tod [Tod, der all das Elend mit einschließt, das der Sünde entspringt, sowohl hier als auch nach dem Tod], die Gesinnung des [Heiligen] Geistes aber Leben und [Seelen] Frieden [jetzt und immerdar.]

Römer 8,6 (Elberfelder mit eigener Übersetzung)

Es gibt laut diesem Bibelvers zwei verschiedene Gesinnungen. Es gibt eine Gesinnung des Fleisches und eine Gesinnung des Geistes.

Das heißt nicht, dass wir zwei Gehirne hätten. Es bedeutet nur, dass wir Informationen aus zwei verschiedenen Quellen bekommen. Wir bekommen Informationen von unserem natürlichen Verstand (der ohne den Heiligen Geist funktioniert) und wir bekommen Informationen von unserem Geist (durch den der Heilige Geist direkt mit uns kommuniziert).

Wir haben das Denken Christi

Es heißt ja in der Schrift: »Wer hat jemals die Gedanken des Herrn ergründet? Wer wäre je imstande, ihn zu belehren?« Wir jedoch haben den Geist Christi bekommen, sodass uns seine Gedanken nicht verborgen sind.

1. Korinther 2,16 (NGÜ)

Vor gar nicht langer Zeit fragte mich jemand: »Was würdest du spontan dazu sagen?« Um ehrlich zu sein, genau so leben wir meistens unser Leben - spontan. Doch die Bibel sagt uns, dass wir uns nicht von unseren fleischlichen Gedanken, sondern vom Heiligen Geist, der in uns wohnt, leiten lassen sollen (Römer 8,14; Galater 5,18). Der Heilige Geist kann unsere Gedanken erleuchten. Wenn wir in den Zustand kommen, den die Amplified Bible als »Sinn und Verstand ohne den Heiligen Geist« bezeichnet, befinden wir uns auf gefährlichem Boden. Denn nur der Heilige Geist kennt die Gedanken Gottes.

Die Bibelstelle sagt uns dies, weil der Heilige Geist in uns lebt und wir, Sie und ich die Gesinnung Christi haben. Das Problem ist nur, dass wir zwar das Denken Christi haben und das Wort Gottes kennen, aber nicht auf unseren Geist, der vom Heiligen Geist erleuchtet ist, hören. Stattdessen hören wir auf unser natürliches Denken, das sich voll und ganz auf den Sinn und Verstand ohne den Heiligen Geist verlässt.

In jeder Lebenslage versucht unser Kopf uns Informationen zu geben. Er wird so laut schreien, dass wir den Herrn und das, was er in dieser Situation zu uns sagt, nicht verstehen werden, wenn wir unsere Aufmerksamkeit nicht unserem Geist zuwenden. Deshalb müssen wir lernen, uns auf unseren Geist und nicht auf unseren Verstand zu verlassen.

Aus dem Geist und nicht aus dem Verstand

Eines Morgens stand ich früh auf und sofort schlichen sich Sorgen in meinen Kopf. Ich weiß heute gar nicht mehr, um was es damals ging, doch in dem Moment war es für mich sehr aufwühlend und bedrückend. Genau so agiert der Teufel. Er liebt es, uns in unseren schwächsten Momenten anzugreifen, wie dann, wenn wir aufstehen, noch halb schlafen, müde und unvorbereitet sind.

Doch das zeigt uns ein wichtiges Prinzip: *Satan greift nie Stärke, sondern nur Schwachheit an.*

Als mein Verstand anfing, den Gedanken, den der Satan mir in mein Bewusstsein eingepflanzt hatte, hin und her zu drehen, sprach der Herr zu mir und sagte: »Joyce, lebe aus deinem Geist; lebe nicht aus deinem Verstand heraus.« Das war ein so praktischer Rat, dass ich ihn niemals vergessen habe.

Sehen Sie, böse Geister bombardieren uns ständig mit negativen Gedanken. Wenn wir sie empfangen und auf sie eingehen, werden sie zu unseren Gedanken, denn die Bibel sagt, dass wir so sind, wie wir in unserem Herzen denken (Sprüche 23,7). Wenn wir die Lügen Satans als Realität akzeptieren, werden sie zur Realität für uns, wegen unseres »Glaubens«, weil wir ihnen glauben.

Als nun der Herr zu mir sprach und mir sagte, ich solle aus meinem Geist und nicht aus meinem Verstand heraus leben, betete ich ganz einfach: »Vater, was sagst du zu dieser Situation?« Durch einen Eindruck in meinem Inneren (denn so spricht Gott normalerweise zu uns), wusste ich sofort, was er mir über diese Situation sagen wollte:

»Joyce, du weißt, du musst dir darüber keine Sorgen machen. Wie oft bist du schon genau durch diese Situation gegangen? Alles wird gut werden.«

»Du hast recht, Herr,« antwortete ich ihm darauf. Dann ging ich meinem Alltag nach und dachte den ganzen Tag kein zweites Mal darüber nach. Doch wenn ich in diesem mentalen Zustand geblieben wäre, hätte sich die Situation nur noch verschlimmert.

Deshalb müssen wir uns in sorgenvollen, stressigen und aufrührenden Momenten die Zeit nehmen, um uns dem inneren Menschen zuzuwenden und zu sagen: »Herr, was sagst du dazu?« Wenn wir glaubensvoll zuhören, wird er zu uns reden und uns die Wahrheit für diese Situation offenbaren.

Vor einiger Zeit hörte ich einmal einen guten Bericht über jemand anderen und wurde plötzlich sehr eifersüchtig. Ich möchte diese Geschichte mit Ihnen teilen, damit Sie wissen, ganz gleich wie geistlich Sie und ich auch sein mögen, wir werden immer Ziel solcher dämonischen Attacken sein.

Sofort erinnerte ich mich selbst: »Das bin nicht ich. Das ist nicht mein Gedanke und ich werde ihm keinen Raum geben!« Ich war gerade auf dem Golfplatz und hörte kurz mit dem Spielen auf, nahm mir die Zeit und wandte mich meinem inneren Menschen zu. Ich betete und gab dem Herrn dieses Gefühl der Eifersucht. Als ich mich an den Herrn wandte, versicherte er mir, dass ich auf niemanden eifersüchtig zu sein brauchte. Er ließ mich wissen, dass er einen guten Plan für mein Leben hat, genau so, wie für diese Person, von der ich gehört hatte. Ein paar Minuten später war meine Eifersucht verschwunden. Wenn ich ihr Raum in meinen Gedanken gegeben hätte, sie genährt und gepflegt hätte, wäre sie immer größer geworden und hätte mir große Probleme bereitet.

Sie und ich haben zwei große Informationsbottiche in uns. Der eine enthält spontane fleischliche Informationen, der andere geistliche Informationen, die aus unserem Herzen hervorquellen. In dem einen Bottich ist schlammiges und verschmutztes Wasser, in dem anderen reines Trinkwasser. Wir entscheiden, von welchem Wasser wir trinken.

Es gibt Menschen, die versuchen, aus beiden Quellen zu trinken. Das ist ein Mensch mit zwei Seelen in der Brust (Jakobus 1,8; Einheitsübersetzung). Wissen Sie, was es bedeutet, wenn man zwei Seelen in seiner Brust hat? Dann versucht der Verstand uns von einer Sache zu überzeugen und der Geist versucht, uns vom Gegenteil zu überzeugen. Anstatt dann zu sagen: »Ich glaube dem nicht, weil es eine Lüge ist,« kommen Sie in ein Kreuzfeuer und wanken zwischen diesen beiden Gedanken hin und her.

Wenn Sie und ich jemals ein glückliches, siegreiches und erfolgreiches Christsein leben wollen, wozu der Herr uns berufen hat, müssen wir uns entscheiden, aus welcher Informationsquelle wir trinken werden. Wir müssen lernen, aus dem Geist und nicht aus dem Verstand zu leben.

Kapitel 4

Übernatürliche Gunst

Sowohl im Alten wie auch im Neuen Testament lesen wir von verschiedenen Menschen, die Gunst empfangen haben. Wir wollen uns einmal einige von ihnen als Beispiele für uns näher anschauen.

Joseph

Und Josephs Herr nahm ihn und legte ihn ins Gefängnis, an den Ort, wo die Gefangenen des Königs gefangen lagen; und er war dort im Gefängnis.

Der HERR aber war mit Joseph und wandte sich ihm in Treue zu und gab ihm Gunst in den Augen des Obersten des Gefängnisses.

Und der Oberste des Gefängnisses übergab alle Gefangenen, die im Gefängnis waren, der Hand Josephs; und alles, was man dort tat, das veranlasste er.

Der Oberste des Gefängnisses sah nicht nach dem Geringsten, das unter seiner Hand war, weil der HERR mit ihm war; und was er tat, ließ der HERR gelingen.

1. Mose 39,20-23 (Elberfelder)

Obwohl Josephs Strafe ungerecht war, weil er für etwas ins Gefängnis geworfen wurde, was er nicht getan hatte, war der Herr immer noch mit ihm und kümmerte sich um ihn.

Ein Mensch ist auch dann nicht schlecht dran, wenn er im Gefängnis landet, wenn Gott ihm seine Gunst schenkt und ihm die Leitung dort, wo er gerade ist, gibt.

Der Herr möchte uns durch dieses und auch die anderen Beispiele, die wir noch betrachten werden, zeigen, dass, ganz gleich was uns in unserem Leben auch passieren wird, wir doch Gunst bei ihm und bei den Menschen haben können (Lukas 2,52).

Uns als Kindern Gottes steht seine Gunst zur Verfügung. Doch genau wie bei so vielen guten Dingen im Leben heißt das nicht, dass wir uns etwas zunutze machen, nur weil es für uns bereit steht. Der Herr hat viele Dinge für uns bereit, die wir nie empfangen und genießen, weil wir unseren Glauben nicht in diesem Bereich aktivieren.

Wenn wir zum Beispiel zu einem Einstellungsgespräch gehen und dort von unseren Befürchtungen und Fehlern erzählen, werden wir mit Sicherheit nicht den Job bekommen. Doch auf der anderen Seite können wir voller Zuversicht in ein Gespräch gehen, auch wenn wir dem Anforderungsprofil nicht ganz entsprechen, weil wir darauf vertrauen, dass Gott uns in dieser Situation seine Gunst zeigen wird.

In unserer ersten Ehezeit beschlossen Dave und ich, dass ich für eine Zeit noch einmal arbeiten gehen sollte. Ich bewarb mich also und wurde eingestellt. Ich wurde sehr schnell von einer Position zur nächsten befördert, bis ich die Stellung einer zweiten Führungskraft im Unternehmen hatte. Obwohl ich nicht die Ausbildung oder die Erfahrung für diese Position hatte, gab der Herr sie mir, weil seine Gunst auf mir lag.

Gott möchte Ihnen seine Gunst erweisen, genau so, wie er Joseph seine Gunst gab. Doch um diese Gunst zu empfangen, müssen Sie, genau wie Joseph, glauben. Joseph behielt in einer schlimmen Lage eine positive Einstellung. Seine Einstellung war voller Glauben und Gott gab ihm seine Gunst. Wenn Gottes Gunst auf Ihnen liegt, werden die Menschen Sie einfach mögen und Ihnen Gutes tun wollen.

Esther

Als nun Esther, die Tochter Abichails, des Oheims Mardochais, die er als Tochter angenommen hatte, an die Reihe kam, zum König zu kommen, begehrte sie nichts, als was Hegai, der Kämmerer des Königs, der Hüter der Frauen, ihr riet. Und Esther fand ***Gnade*** *vor allen, die sie sahen.*

Und Esther ward zum König Ahasveros, in sein königliches Haus genommen, im zehnten Monat, das ist der Monat Thebet, im siebenten Jahre seiner Regierung.

Und der König gewann Esther lieber als alle andern Frauen. Sie fand ***Gnade*** *und* ***Gunst*** *vor ihm, mehr als alle Jungfrauen; und er setzte die königliche Krone auf ihr Haupt und machte sie zur Königin an Vastis Statt.*

Esther 2,15-17 (Schlachter)

Wussten Sie, dass es einen Bibelvers gibt, der besagt, dass Gott eine Person erniedrigt und eine andere erhöht (1. Samuel 2,7)? In dieser Situation hob er Esther aus dem Verborgenen heraus und machte sie zur Königin des Landes. Er gab ihr Gunst bei allen Menschen, einschließlich dem König, denn sie hatte Gunst bei Gott selbst.

Im Verlauf der Geschichte erfahren wir, dass Esther sich genau auf diese Gunst stützte, um sich und ihr jüdisches Volk davor zu bewahren, von dem bösartigen Haman, der sie alle vernichten wollte, ermordet zu werden. Sie hatte keine Angst, zum König zu gehen und ihn um seinen Beistand für sich selbst und für ihr Volk zu bitten, auch wenn sie dies ihr Leben hätte kosten können, denn sie wusste, dass Gottes Gunst auf ihr lag.

Wenn Sie in einer Situation stehen, in der Sie schikaniert, verfolgt oder diskriminiert werden, wenn jemand Ihnen etwas nehmen will, was Ihnen gehört (sei es Ihre Arbeitsstelle, Ihr Zuhause, Ihren guten Ruf oder irgendetwas anderes), versuchen Sie nicht, sich zu rächen, indem Sie sich selbst um Gunst bemühen. Vertrauen Sie auf Gottes übernatürliche Gunst, denn ganz gleich wie hoffnungslos die Dinge auch aus menschlicher Perspektive aussehen mögen, Gott kann erhöhen und er kann erniedrigen.

Sagen Sie jeden Tag, wenn Sie zur Arbeit gehen: »Ich glaube, dass ich heute an diesem Platz Gunst erfahren werde. Ich glaube, dass des Herrn Licht über mir scheinen wird und dass ich Gunst bei Gott und bei Menschen haben werde.«

Gehen Sie nicht mit der Befürchtung durchs Leben, dass niemand Sie mag. Gewähren Sie der Angst vor Ablehnung keinen Unterschlupf. Glauben Sie stattdessen, dass Gott es so machen wird, dass jeder, mit dem Sie in Kontakt kommen, Sie mögen wird, gerne mit Ihnen zusammen sein wird und Ihnen wohlgesonnen ist.

Natürliche Gunst im Vergleich zu übernatürlicher Gunst

Als ich vor fast zwanzig Jahren meinen Dienst begann, war ich voller Angst. Ich hatte Angst vor Ablehnung. Damals war es für eine Frau noch schwieriger, das zu tun, was ich tat, als heute, wo Predigerinnen schon mehr Akzeptanz erfahren.

Ich wusste, dass Leute, besonders Erstbesucher, zu meinen Versammlungen kamen und mich kritisch beäugten. Ich wusste, dass sie alles, was sie hörten und sahen, abwägten und analysierten. Deshalb riss ich mir ein Bein aus und redete und benahm mich so, wie sie es meiner Meinung nach von mir erwarteten. Ich war bei allem, was ich sagte und tat, übervorsichtig, weil ich von jedem gemocht und akzeptiert werden wollte.

Das ist nicht normal. Und das wird auch nicht gut gehen. Wenn wir versuchen, durch uns selbst Gunst zu erlangen, bedeutet das mehr als nur harte Arbeit - es ist oft sinnlos. Je mehr wir versuchen, anderen zu gefallen, um so mehr Fehler machen wir, und um so weniger Menschen fühlen sich von uns angezogen.

Das Problem war, dass ich versuchte, auf meine Art und Weise Gunst zu gewinnen. Und ich wusste, wie das ging. Bis vor zehn Jahren hatte ich noch keine Ahnung von übernatürlicher Gunst.

Ich wusste nicht, dass Gunst ein Teil der Gnade ist. Tatsächlich werden in der englischen Bibel die Worte *Gnade* und *Gunst beide* von dem griechischen Wort *charis* abgeleitet (James Strong, Strong's Exhaustive Concordance of the Bible Nashville: Abingdon, 1890, »Greek Dictionary of the New Testament«, Seite 77, Eintrag #5485). Die Gnade Gottes ist also auch die Gunst Gottes. Und die Gunst Gottes ist die Gnade Gottes - die die Dinge in unserem Leben geschehen lässt, die geschehen sollen, und zwar durch den Kanal unseres Glaubens. Sie ist die Kraft Gottes, die wir durch unseren Glauben empfangen, um das zu tun, was wir nicht aus uns selbst heraus tun können.

Gunst, wie auch Gnade, können nicht mit Glauben erworben werden, sondern der Glaube ist der Kanal, durch den wir die Gnade Gottes, seine Gunst und all die anderen Segnungen empfangen.

Gnade ist die Kraft, die uns und unsere Umstände verändert. Gunst empfangen wir durch den Heiligen Geist und nicht durch menschliche Kraft oder Macht. Einer der fünfundzwanzig Namen, die in der Bibel dem Heiligen Geist gegeben wurden, ist »der Geist der Gnade«. Durch Gottes Geist der Gnade finden wir Gunst bei Gott und bei Menschen.

Gnade ist also die Kraft Gottes, die durch den Kanal unseres Glaubens in einem bestimmten Bereich zu uns kommt. Weil Gottes Gnade über uns strahlt, zeigen uns andere ihre Gunst durch ihre Akzeptanz und ihre Wohltaten. Gott lenkt sein Licht und damit die Aufmerksamkeit auf uns.

Obwohl dieses Licht real ist, ist es normalerweise für das menschliche Auge unsichtbar. Meistens wissen die Menschen noch nicht einmal, warum sie uns so wohlgesonnen sind. Sie wissen nicht, warum sie uns mögen, uns akzeptieren, uns vertrauen, uns anerkennen, gerne mit uns zusammen sind und uns anderen vorziehen. Sie tun es einfach, weil Gottes Licht der Gnade auf uns scheint und uns Gunst beschert.

Als ich von der übernatürlichen Gunst Kenntnis bekam, war ich gerade dabei, mich aufzureiben, um von anderen akzeptiert und anerkannt zu werden. Doch von dem Zeitpunkt an erwartete ich von Gott seine übernatürliche Gunst und damit war der Druck von mir genommen. Ich musste mir keine Sorgen mehr darüber machen, welchen Eindruck ich wohl auf diejenigen machte, die zu meinen Versammlungen kamen.

Mittlerweile stehe ich fast jedes Wochenende vor anderen Leuten, die ich noch nie zuvor gesehen habe und diene ihnen. Wenn ich nicht gelernt hätte, dem Herrn zu glauben, dass er mir Gunst schenkt, könnte ich das nicht tun. Der Druck würde meine Nerven ruinieren. Doch jetzt stört es mich gar nicht mehr.

Wenn Sie anfangen, zu glauben, dass Gott Ihnen Gunst gibt, befreit es Sie von dem Stress, der sich bei Ihnen aufbaut. Sie können frei und unbeschwert das genießen, was Sie tun, anstatt ständig zu versuchen, alles für Ihr Image zu tun, weil Sie wissen, dass es nicht länger Ihr Problem ist, wie die Menschen auf Sie reagieren. Sie tun einfach Ihr Bestes und überlassen alles andere Gott.

Sie verhalten sich wahrscheinlich nicht so, wie ich mich früher verhielt, als ich mich vor allen, die ich traf, aufspielte, nur um von ihnen akzeptiert zu werden. Sie müssen nicht unecht sein, um andere zu beeindrucken. Sie müssen nicht etwas darstellen, manipulieren, anderen schmeicheln, Tag und Nacht arbeiten und sich Sorgen machen, ob Sie wohl alles richtig gemacht haben, damit gut von Ihnen gedacht wird. Sie können das alles genau wie ich aufgeben, denn Sie suchen nicht mehr nach menschlicher Gunst, sondern empfangen übernatürliche Gunst.

Der Unterschied zwischen menschlicher und übernatürlicher Gunst

Es gibt einen wichtigen Unterschied zwischen menschlicher und übernatürlicher Gunst. Menschliche Gunst kann erworben werden, übernatürliche nicht.

Wenn Sie und ich hart und lange genug dafür arbeiten, ist es möglich, dass die meisten Menschen uns mögen und akzeptieren. Doch Gott möchte nicht, dass wir unsere Zeit und Energie dafür aufwenden, seine Gunst oder die von anderen zu verdienen. Er möchte, dass wir unsere Zeit und Energie ihm zur Verfügung stellen, damit wir seinen Willen tun, ganz gleich ob das, was wir tun, populär ist oder nicht.

Übernatürliche Gunst kann nicht verdient werden. Sie ist ein Geschenk. Gott möchte, dass wir genau diese Gunst haben. Wir bekommen sie, wenn wir sie für unser Leben erwarten und dann von Gott annehmen.

Wir sollen unsere Zeit und Energie nicht damit verschwenden, menschliche Gunst zu erlangen, weil sie so vergänglich ist. Der Herr möchte, dass wir folgende Lektion lernen:

Wenn Sie von den Menschen aufgrund Ihres eigenen Tuns akzeptiert werden, müssen Sie genau so weitermachen, wie zu der Zeit, als Sie die Akzeptanz bekommen haben.

Doch genau an dieser Stelle bekommen viele Schwierigkeiten. Sie kommen unter die Kraft und den Einfluss von Dämonen der Manipulation und Kontrolle. Diese Geister arbeiten durch Menschen, wenn wir sie lassen.

Wenn Sie und ich alles daran setzen, von Menschen gemocht und akzeptiert zu werden, weil wir das Richtige sagen und tun, werden wir weiterhin das Richtige sagen oder tun müssen, um ihre Anerkennung und Freundschaft zu behalten. Hier entsteht eine gewisse Hörigkeit. Wir sind nicht mehr frei, uns von Gott führen zu lassen, sondern müssen den Menschen gefallen. Andernfalls würden sie uns vielleicht ablehnen.

Doch die übernatürliche Gunst macht sich nicht davon abhängig, immer den Menschen gefallen zu wollen. Sie verlässt sich auf Gottes Gnade, die Akzeptanz bewirkt und auch erhält. Deshalb bete ich täglich um Gunst, übernatürliche Gunst. Ich kann Ihnen gar nicht sagen, wie oft ich schon Gottes übernatürliches Wirken und seine Gunst in meinem Leben erfahren habe. Er führt mich in meinem Dienst in Bereiche, in denen ich aufgrund meines Wissens und meiner Fähigkeit eigentlich nichts zu suchen habe. Manchmal bin ich überwältigt, all die Dinge zu sehen, die Gott mir gestattet zu tun, ebenso die Orte, an die ich gehen darf, ganz zu schweigen von den wunderbaren Menschen, die er zu meinen Versammlungen zieht.

Alles, was ich nur noch sagen kann, ist: »Danke, Herr.«

Immer, wenn wir aufhören, alles selber tun zu wollen und es dem Herrn gestatten, uns seine Gunst zu geben, wird unser Herz dankbar.

Wenn wir uns bemühen und darum kämpfen, selbst Akzeptanz zu erlangen, danken wir am Ende uns selbst und unseren Fähigkeiten und Bemühungen. Doch wenn wir wissen, dass alles, was wir haben und woran wir uns freuen, eine Gabe Gottes ist, das Resultat seiner übernatürlichen Gunst zu uns, dann bleibt uns nur noch zu sagen: »Danke, Herr.«

Wir sind immer dankbarer für die Sachen, die wir unverdienterweise bekommen, als für die Dinge, von denen wir denken, dass wir sie verdient hätten. Das ist menschlich. Und das ist auch ein Grund, warum der Herr den Stolzen widersteht, aber dem Demütigen Gnade (unverdiente, übernatürliche Gunst) gibt (Jakobus 4,6).

Daniel und die Söhne der Hebräer

Im dritten Jahr der Regierung Jojakims, des Königs von Juda, kam Nebukadnezar, der König von Babel, nach Jerusalem und belagerte es.

Und der Herr gab Jojakim, den König von Juda, in seine Hand und einen Teil der Geräte des Hauses Gottes. Und er brachte sie ins Land Schinar, in das Haus seines Gottes: die Geräte brachte er in das Schatzhaus seines Gottes.

Und der König befahl dem Aschpenas, dem Obersten seiner Hofbeamten, er solle einige von den Söhnen Israel bringen, und zwar vom königlichen Geschlecht und von den Vornehmen.

Und der König bestimmte ihre tägliche Versorgung von der Tafelkost des Königs und von dem Wein, den er trank, und dass man sie drei Jahre lang erziehen solle; und nach deren Ablauf sollten sie in den Dienst des Königs treten.

Und unter ihnen waren von den Söhnen Juda: Daniel, Hananja, Mischael und Asarja.

Und der Oberste der Hofbeamten gab ihnen andere Namen; er nannte Daniel Beltschazar, Hananja Schadrach, Mischael Meschach und Asarja Abed-Nego.

Aber Daniel nahm sich in seinem Herzen vor, sich nicht mit der Tafelkost des Königs und mit dem Wein, den er trank, unrein zu machen; und er erbat sich vom Obersten der Hofbeamten, dass er sich nicht unrein machen müsse.

Und Gott gab Daniel Gnade *und Erbarmen vor dem Obersten der Hofbeamten.*

Daniel 1,1-3; 6-9 (Elberfelder)

In diesem Abschnitt werden wir an eine uns bekannte Geschichte erinnert.

Das Volk Juda wurde wegen seiner Sünden gegen den Herrn in die Gefangenschaft nach Babylon geführt. Dort wurden die Besten von ihnen, unter denen auch Daniel und drei seiner Freunde waren, ausgewählt, um dem babylonischen König zu dienen. Teil ihrer dreijährigen Vorbereitungs- und Trainingszeit war eine Ernährungsweise, nach der diese jungen Männer reichhaltiges Fleisch und Wein vom Tisch des Königs zu sich nehmen sollten. Doch Daniel und seine Freunde waren fest entschlossen, das Essen und den Wein des Königs nicht zu sich nehmen und sich dadurch besudeln. Stattdessen fragten sie den Eunuchen, der für ihr Wohlbefinden zuständig war, ob sie nach ihrer eigenen Weise essen konnten, nämlich Gemüse und Wasser.

In der Bibel lesen wir, dass der Herr Daniel vor dem Obersten der Hofbeamten Gnade und Erbarmen gab, und der ihnen erlaubte, so lange ihrer eigenen Ernährungsweise zu folgen, wie es ihnen gut ging. Natürlich hat sie ihnen nicht nur nicht geschadet, sondern sie stärker und gesünder gemacht als all die anderen jungen Männer, die sich auch in der Ausbildung zum königlichen Diener befanden. Der König war sogar so von ihnen beeindruckt, dass er sie aus allen jungen Männer erwählte, ihm als vertraute Berater zu dienen (Verse 10-20).

Die Gunst des Herrn lag so stark auf Daniel und seinen Freunden, dass Daniel sogar oberster Minister der damaligen

Weltmacht Babylon wurde, und auch die anderen drei wurden hohe Beamte im Königreich.

Glauben Sie, dass dies so geschehen wäre, wenn Daniel und die Söhne der Hebräer versucht hätten, sich selbst voranzubringen und menschliche Gunst gesucht hätten?

Jesus

Und Jesus nahm zu an Weisheit (an weitem und vollem Verständnis) und Alter und Gunst bei Gott und Menschen.

Lukas 2,52 (Elberfelder)

Von Kindheit an hatte Jesus große Gunst bei Gott und Menschen. Tatsächlich war er seit Beginn seines öffentlichen Wirkens sogar so beliebt bei den Menschen, dass er kaum Zeit finden konnte, um alleine zu sein und Gemeinschaft mit seinem himmlischen Vater zu haben.

Selbst die, die nicht an ihn glaubten, mussten erkennen, dass er große Gunst bei Gott und den Menschen hatte. Als die Pharisäer Wachen ausgesandt hatten, um Jesus gefangen zu nehmen, weil er behauptet hatte, der Sohn Gottes zu sein, kamen die Soldaten mit leeren Händen zurück und sagten: »Noch nie haben wir jemanden so reden hören wie diesen Mann!« (Johannes 7,32; 45-46).

Auch am Ende seines Lebens, als er vor die geistlichen Leiter und die Regierungsbeamten geführt wurde, hatte Jesus Gunst. Obwohl ihn die Menschen, die gegen ihn waren und ihn falsch beschuldigt hatten, hassten und beneideten, fand er doch Gunst bei Pilatus, der ihn freigelassen hätte, aber am Ende doch den Forderungen der Menge nachgab.

Selbst als Jesus verurteilt wurde, schickte die Frau von Pilatus ihrem Mann eine Botschaft in der stand: ... **habe du nichts zu schaffen mit jenem Gerechten ...** (Matthäus 27,19, Elberfelder). Sie hatte Jesus als den erkannt, der er war, Christus der Gesalbte – der von Gott begnadete.

Pilatus selbst fürchtete sich vor Jesus, denn auch er erkannte die Gunst Gottes über ihm. Warum sonst würde so ein mächtiger Mann sich selbst jeder Schuld entbinden, indem er seine Hände vor dem Mob wusch und öffentlich erklärte: **Ich bin schuldlos an dem Blut dieses Gerechten. Seht ihr zu!** (Matthäus 27,24)?

Nachdem Jesus gekreuzigt war, reagierte der römische Zenturio, der für die Kreuzigung verantwortlich war, wie folgt: **Als aber der Hauptmann sah, was geschah, verherrlichte er Gott und sagte: Wirklich, dieser Mensch war gerecht** (Lukas 23,47; Elberfelder). Im nächsten Vers heißt es dann: **Und all die Volksmengen, die zu diesem Schauspiel zusammengekommen waren, schlugen sich, als sie sahen, was geschehen war, an die Brust und kehrten zurück.**

Warum reagierten diese Leute so? Weil sie erkannt hatten, dass eine göttliche Gunst auf dem, dessen Kreuzigung sie gerade gesehen hatten, war.

Jesus fand also Gunst bei Gott und Menschen, doch nicht nur, als er zum Mann heranwuchs, sondern sein ganzes Leben hindurch - sogar bis nach seinem Tod.

Ich wünschte, dass Sie und ich an diesen Punkt kommen, an dem wir uns als die Begnadeten Gottes sehen. Gott sieht uns in einem anderen Licht als wir uns selbst sehen. Er sieht uns nicht als schwache, hilflose und sündige Geschöpfe an. Er betrachtet uns als solche, die in Gerechtigkeit gekleidet sind, die Schuhe des Friedens tragen, die mit der ganzen Waffenrüstung Gottes ausgestattet sind und die das Schwert des Geistes tragen, welches das Wort des Herrn ist. So sollten wir uns auch selbst sehen.

Gott sieht uns so, weil er nicht unsere menschliche Seite, sondern unsere geistliche Seite betrachtet. Und wir müssen lernen, uns auch so zu sehen.

Sagen Sie sich nicht, wenn Sie in den Spiegel sehen: »Oh, wer würde mir schon seine Aufmerksamkeit schenken? Wie kann ein Niemand wie ich jemals Freunde haben, einen guten Job finden, heiraten, eine Familie oder einen Dienst haben oder gar ein Segen für andere sein? Niemand wird mich jemals wollen.«

Wenn Sie das tun, betrachten Sie die Dinge von der menschlichen Seite. Sie geben Gott nicht die Ehre für das, was er tun kann.

Ganz gleich, wie die Dinge auch aussehen mögen, ganz gleich, wie wir auf uns selbst oder auf andere wirken, wir dürfen nicht vergessen, dass Gott das Licht seiner göttlichen Kraft auf uns scheinen lassen kann - genau so, wie er es bei Jesus getan hat - damit auch wir an Weisheit und Alter und Gunst bei Gott und Menschen zunehmen (Lukas 2,52).

Ruth

So kehrte Noomi zurück und mit ihr die Moabiterin Rut, ihre Schwiegertochter, die aus dem Gebiet von Moab heimgekehrt war. Sie kamen nach Bethlehem zu Beginn der Gerstenernte.

Und Noomi hatte einen Verwandten von ihrem Mann her, einen angesehenen Mann, aus der Sippe Elimelechs; dessen Name war Boas.

Und Rut, die Moabiterin, sagte zu Noomi: Ich möchte gern aufs Feld gehen und etwas von den Ähren mit auflesen hinter dem her, in dessen Augen ich Gunst finden werde. Sie sagte zu ihr: Geh hin, meine Tochter!

Da ging sie hin, kam und las auf dem Feld hinter den Schnittern her auf. Und sie traf zufällig das Feldstück des Boas, der aus der Sippe Elimelechs war ...

Und Boas sagte zu Rut: Höre mir zu, meine Tochter! Geh nicht zum Auflesen auf ein anderes Feld, geh auch nicht von hier fort, sondern halte dich da zu meinen Mägden!

Richte deine Augen auf das Feld, wo man schneidet, und geh hinter den Sammlerinnen her! Habe ich nicht den Knechten befohlen, dich nicht anzutasten? Und hast du Durst, dann geh zu den Gefäßen und trink von dem, was die Knechte schöpfen.

Da fiel sie auf ihr Angesicht und warf sich zur Erde nieder und sagte zu ihm: Warum habe ich **Gunst** *gefunden in deinen Augen, dass du mich beachtest, wo ich doch eine Fremde bin?*

Ruth 1,22; 2,1-3; 8-10 (Elberfelder)

Sicherlich erinnern Sie sich an die Geschichte von Ruth und ihrer Schwiegermutter Naomi. Nach dem Tod ihrer Männer im Land Moab, in das sie nach einer Hungersnot gezogen waren, kehrten Naomi und Ruth zurück nach Juda. Hier bat Ruth Naomi um Erlaubnis, in die umliegenden Felder zu gehen und Ähren zu sammeln, damit sie etwas zu essen hatten und nicht verhungerten.

Während Ruth sammelte, gab Gott ihr Gunst in den Augen des Eigentümers des Feldes, Boas, der auch noch mit Naomis Mann verwandt war. Boas passte auf Ruth auf, gab ihr Essen und Wasser und wies seine Arbeiter an, sie nicht nur zu beschützen, sondern auch zusätzliche Ähren liegen zu lassen, die sie dann sammeln konnte (Ruth 2,14-16). Ruth fand solche Gunst in den Augen Boas, dass er sie später bat, ihn zu heiraten. Als Resultat waren sie und Naomi bis an ihr Lebensende gut versorgt.

Das ist ein wunderbares Beispiel und ein Bild, welche Auswirkung Gottes Gunst haben kann, wenn sie auf einer Person liegt. Und diese gleiche Gunst steht Ihnen und mir zur Verfügung, wenn wir aufhören, uns selbst durch unsere Taten Gunst zu erarbeiten. Bitten Sie einfach Gott um seine übernatürliche Gunst und empfangen Sie sie durch den Glauben.

Definition von Gnade und Gunst

Wie wir gesehen haben, stammen die Worte *Gnade* und *Gunst* beide von dem griechischen Wort *charis* ab. Wir haben gesagt, dass Gnade unverdiente Gunst ist, und sie ist die Kraft, mit der Gott einer Person hilft, ungute Neigungen zu überwinden. Auch haben wir entdeckt, dass Gunst die Gnade oder Kraft Gottes ist, die in einer Person wirkt und sie befähigt, gnädig und wohlgesonnen zu handeln.

Wir haben gesehen, dass es eine menschliche Gunst und eine übernatürliche Gunst gibt. Die menschliche Gunst wird davon bestimmt, wie wir Menschen behandeln und beinhaltet Komplimente, Worte der Erbauung und menschliche Bemühungen, mit denen wir andere beeindrucken können. Wir sollten gute Mitmenschen sein, doch aus den richtigen Motiven heraus. Gottes Liebe hat keine Hintergedanken. Natürliche Gunst kann verdient werden, doch übernatürliche Gunst kommt von Gott, wie wir gesehen haben.

Auch wenn wir übernatürliche Gunst nicht produzieren können, weil sie als Geschenk vom Herrn angenommen werden muss, ist es doch wahr: Wenn wir all die Dinge tun, die menschliche Gunst erzeugen, - nämlich nett zu anderen sind, andere Menschen mit Respekt und Würde behandeln, andere ermutigen und aufbauen - säen wir Samen um später einmal übernatürliche Gunst ernten zu können. Wenn wir andere richtig behandeln und auf Gott schauen und ihn um Gunst bitten, sind wir auf dem richtigen Weg, der uns zu guten, soliden und gottgewollten Beziehungen führt.

Die Bedeutung von begünstigt werden

Oftmals wird gesagt, dass diejenigen, die besondere Gunst bei Gott oder Menschen genießen, »begünstigt« werden, das heißt besonders behandelt oder bevorzugt werden.

Jeder von uns würde gerne besonders behandelt werden. Ist das Stolz? Nein, nicht wenn diese begünstigte, bevorzugte Position von Gott kommt und ihren Ursprung nicht in unseren persönlichen Amibitionen oder eigensüchtigen Bemühungen hat und die Aufmerksamkeit auf sich selbst ziehen will.

Um ehrlich zu sein, ich finde es wunderbar, wenn ich beobachten darf, wie Gott eine Person besonders behandelt - besonders dann, wenn ich diese Person bin! Ich schaue Gott gerne dabei zu, wie er in meinem Interesse die Dinge angeht, und ich glaube, das macht jeder so. Ich muss zugeben, dass ich gerne sehe, wie Gott jemanden auswählt, der dann besondere Beachtung und Behandlung erfährt. Um so mehr liebe ich es, wenn dies vor anderen geschieht.

Das erleben wir alle das eine oder andere Mal, besonders diejenigen von uns, die sich darauf einstellen und Gott sogar darum bitten, es zu erleben.

Haben Sie zum Beispiel schon einmal in einer langen Schlange an der Supermarktkasse gestanden und es sehr eilig gehabt? Haben Sie dann Gott schon einmal um Hilfe gebeten, schneller durchzukommen?

In dieser Situation bete ich manchmal zum Herrn: »Vater, bitte schenk mir deine Gunst.« Oft wird gerade dann eine andere Kasse mit den Worten geöffnet: »Sie können auch gerne zu mir kommen«. Oder jemand mit einem vollen Einkaufswagen lässt mich vor: »Sie haben ja nur ein paar Sachen. Bitte gehen Sie vor.«

Wenn Ihnen so etwas passiert, haben Sie Gottes Gunst empfangen, vielleicht sogar ohne es zu wissen. Jetzt, wo Sie wissen, dass Sie Gott sogar darum bitten können, werden Sie noch viel mehr in dieser Richtung erleben!

Wenn solche Dinge passieren und Sie wissen, dass Gott Sie damit besonders behandelt und seine Gunst auf Ihnen ist, dann bleibt Ihnen nur noch übrig, »Danke, Herr!« zu sagen.

Gott will uns deshalb übernatürliche Gunst schenken, weil uns das zu aufrichtigem Dank und Lobpreis herausfordert.

Es ist immer etwas Wunderbares, Gunst bei Gott zu haben. Nur leider scheint das nicht so oft der Fall zu sein, wie wir es gerne hätten. Ein Teil dieses Problems sind wir. Wir haben bei weitem nicht so viel Freude mit dem Herrn, wie wir sollten. Wir sollten mehr Freiheit und weniger Angst und Gesetzlichkeit erleben. Es gibt so viele Dinge, die Gott gerne für uns tun würde, aber er kann nicht, weil wir ihn nicht darum bitten. Ein Grund, warum wir ihn nicht bitten, ist, weil wir uns nicht würdig fühlen. Wir gehen nur dann zu Gott und bitten ihn um seine besondere Gunst, wenn wir absolut verzweifelt sind, wenn wir uns in eine Situation hinein manövriert haben, der wir selbst nicht gewachsen sind.

Der Herr möchte persönlich an unserem Leben teilhaben. Er möchte, dass wir ihn in der Schlange an der Supermarktkasse mit einbeziehen. Er möchte sich für uns einsetzen, wenn wir im Stau stecken und nichts mehr geht.

Wenn ich mich in so einer Situation befinde, bete ich: »Herr, schenk mir deine Gunst in dieser Situation.« Oft lässt mich gerade dann jemand vor und ich komme aus dem Stau heraus.

Das ist ein gutes Beispiel dafür, wie wir den Samen der menschlichen Gunst säen können, um übernatürliche Gunst zu ernten. Wenn wir einem anderen Fahrer die Vorfahrt lassen, säen wir den Samen dafür, dass Gott jemand anderen das Gleiche für uns tun lässt.

Es ist nichts Schlimmes dabei, wenn wir einmal bevorzugt werden und bereit sind, es auch anderen zu gönnen, von Gott bevorzugt zu werden. Begünstigt oder besonders behandelt zu werden bedeutet, es Gott zu gestatten, sein Licht über uns leuchten zu lassen - zu seiner Ehre. Wenn wir eine positive Einstellung behalten, wenn wir anderen die gleichen Privilegien, die wir genießen, gönnen, wenn wir Gott alle Ehre geben und nicht stolz oder hochmütig werden, dann wird er weiterhin seine Gunst auf uns gießen und uns wie seine Lieblinge behandeln.

Gottes Lieblinge

Was bedeutet es, wenn man ein Liebling ist? Dann ist man besonders angesehen, wird geschätzt und bevorzugt. Man genießt besondere Aufmerksamkeit, persönliche Zuneigung und eine bevorzugte Behandlung, auch wenn man es nicht verdient hat.

Wenn drei Personen mit der gleichen Qualifikation sich um eine Anstellung bemühen, aber einer von ihnen Gottes Liebling ist, wird der Herr sein Licht auf diese Person scheinen lassen, damit er oder sie den Arbeitsplatz bekommt. Diejenigen, die diese Einstellungsentscheidung treffen, wissen vielleicht noch nicht einmal, warum sie den einen Kandidaten den anderen vorziehen, sie wissen nur, dass aus irgendeinem Grund diese eine Person eine besondere Anziehungskraft auf sie ausübt.

Es gibt nichts, was Gott dazu veranlassen könnte, Sie oder mich oder eine andere Person als seinen Liebling zu erwählen. Er erwählt uns und setzt uns an diesen Ehrenplatz einzig und allein aus Gnade. Uns bleibt dann nur noch übrig, diese Gnadengabe demütig und voller Dankbarkeit anzunehmen.

Wenn ich nun davon rede, ein Liebling Gottes zu sein, muss ich doch etwas klarstellen. Weil Gott der Gott aller Schöpfung ist und weil er eine persönliche Beziehung zu jedem seiner Kinder hat, kann er zu jedem einzelnen von uns gleichzeitig sagen: »Du bist mein Augapfel, du bist mein Lieblingskind« und es auch so meinen.

Ich brauchte ein wenig, bis ich diese Wahrheit verstand. Zuerst hatte ich Angst davor, sie zu glauben. Ich konnte mir nur schwer vorstellen, Gottes Liebling zu sein, obwohl er mir sagte, dass ich genau das war. Doch dann verstand ich, dass er dies jedem seiner Kinder sagt. Er möchte dies zu jedem sagen, der ihm das glaubt, es annimmt und darin lebt.

Unser himmlischer Vater will, dass sich seine Kinder erheben und so werden, wie er es sich vorgestellt hat. Genau dafür gab sein Sohn Jesus sein Leben. Gott will nicht, dass wir mit gesenktem Kopf und hängenden Schultern herumlaufen und dem anderen nicht in die Augen sehen aus Angst, was er wohl von uns denken mag.

Gott versichert jedem von uns, dass wir sein Lieblingskind sind, weil er uns Sicherheit geben will, wer wir in Christus Jesus sind. So werden wir zuversichtlich und voller Vertrauen, dass wir siegreich durch dieses Leben gehen werden und laden auch andere ein, diese wunderbare Gnade mit uns zu teilen.

Gekrönt mit Herrlichkeit und Ehre

Herr, unser Herrscher, wie gewaltig ist dein Name auf der ganzen Erde; über den Himmel breitest du deine Hoheit aus.

Aus dem Mund der Kinder und Säuglinge schaffst du dir Lob, deinen Gegnern zum Trotz; deine Feinde und Widersacher müssen verstummen.

Seh' ich den Himmel, das Werk deiner Finger, Mond und Sterne, die du befestigt:

Was ist der Mensch, dass du an ihn denkst, des Menschen Kind, dass du dich seiner annimmst?

Du hast ihn nur wenig geringer gemacht als Gott, hast ihn mit Herrlichkeit und Ehre gekrönt.

Du hast ihn als Herrscher eingesetzt über das Werk deiner Hände, hast ihm alles zu Füßen gelegt.

Psalm 8,2-7 (Einheitsübersetzung)

In Vers 6 lesen wir, dass Gott den Menschen erwählt und ihn mit Herrlichkeit und Ehre gekrönt hat.

In diesem Text haben die Wörter *Ehre, Herrlichkeit* und *gekrönt* ganz besondere Bedeutungen.

Meiner Meinung nach haben *Ehre* und *Gunst* die gleiche Bedeutung. Wir können auch sagen, dass Gott den Menschen mit Herrlichkeit und Gunst gekrönt hat, ihm Macht über seiner Hände Werk gegeben und ihm alles zu Füßen gelegt hat. In diesem Beispiel würde ich das Wort *Herrlichkeit* mit der Exzellenz Gottes beschreiben. Natürlich steht *gekrönt sein* für Triumph oder auch Belohnung - normalerweise in Form eines Emblems um den Kopf herum.

Was der Psalmist uns also in diesem Abschnitt sagen will, ist, dass Sie und ich von Gott erwählt worden sind, der uns seine Krone der Gunst und der Exzellenz auf den Kopf gesetzt hat.

Nur weil wir keine Krone auf unserem Kopf sehen, heißt das noch lange nicht, dass keine da wäre. Wir sehen ja auch mit unseren Augen nicht die Gewänder der Gerechtigkeit, mit denen wir bekleidet sind, doch das heißt nicht, dass sie in der geistlichen Welt nicht da sind. Wie der Apostel Paulus uns sagt, kann der natürliche Mensch die Dinge Gottes nicht verstehen, weil sie nur geistlich beurteilt werden können (1. Korinther 2,14).

Sie und ich sind also mit Gottes Gunst und seiner Exzellenz gekrönt. Der Hauptgrund, warum wir diese Segnungen des Herrn, die auf uns gelegt wurden, nicht für uns in Anspruch nehmen ist, dass wir uns für unwürdig halten oder wir nie gelehrt wurden, dass sie uns gehören. Unser Glaube ist in diesem Bereich nicht aktiviert. So gehen wir mit Ach und Krach durchs

Leben, nehmen, was uns der Teufel uns zuwirft, ohne das zu beanspruchen, was uns zusteht.

Wenn Sie noch einmal Vers 7 lesen, werden Sie sehen, dass uns von Gott, der uns die Herrschaft über seine ganze Schöpfung gegeben hat, alles zu Füßen gelegt worden ist. Das klingt für mich nicht, als ob wir es dem Teufel und seinen Dämonen erlauben sollen, uns einzuschüchtern, zu beherrschen und zu unterdrücken.

Wie weit wir in der uns von Gott verliehenen Herrlichkeit und Ehre gehen, hängt von unserer Entschlossenheit ab.

Ich beschreibe das Wort *Herrlichkeit* auch oft so, dass durch sie etwas zum Leuchten gebracht wird. In 2. Mose 34, 28-35 wird uns berichtet, wie das Gesicht Moses strahlte, nachdem er vierzig Tage und Nächte auf dem Berg mit Gott verbracht hatte. Es leuchtete so hell, dass die Kinder Israels sich fürchteten. Mose musste sein Gesicht verhüllen, als er nach seiner Rückkehr von der Gegenwart des Herrn mit ihnen sprach. Auch habe ich schon gesehen, wie das Wort *Ehre* mit den Worten ergebene Aufmerksamkeit, Wertschätzung, Ansehen und voller Ruhm beschrieben wurde.

Wenn Sie und ich im Segen der Herrlichkeit und Ehre, mit denen der Herr unser Gott uns gekrönt hat, leben werden, wird nicht nur unser Gesicht in der Herrlichkeit des Herrn strahlen, sondern wir werden uns an Respekt, Wertschätzung, einem guten Ruf und Ruhm erfreuen. Dies alles sind Resultate der Gunst Gottes.

Eine persönliches Beispiel, wie man Gunst findet und in ihr lebt

Wenn wir erst einmal anfangen, Gunst zu finden und in ihr zu leben, werden wir sehen, welche fantastischen Dinge in unserem Alltag passieren.

Ich persönlich habe eine Erfahrung gemacht, die uns diesen Punkt gut vor Augen führen kann, doch zögerte ich noch etwas, sie Ihnen mitzuteilen, weil ich befürchtete, Sie könnten mich für hochmütig oder stolz halten. Nachdem ich jedoch noch einmal gründlich darüber nachgedacht habe, habe ich doch beschlossen, meine Erfahrung in diese Diskussion mit einfließen zu lassen, weil sie ein wunderbares Beispiel ist für die Segnungen des Herrn, die denen folgen, die in seiner Gunst leben.

Vor einiger Zeit beschlossen meine Freundin und ich zusammen einen Einkaufsbummel zu machen. Ich stand an dem Morgen früh auf, verbrachte eine wundervolle Zeit zusammen mit dem Herrn und genoss seine Gegenwart über die Maßen eine ganze Weile. Als ich mein Haus verließ, hatte ich keine Ahnung, dass irgendetwas anders an mir war, doch offensichtlich war etwas anders. Das merkte ich den ganzen Tag an den Reaktionen der anderen.

Wenn wir eine intensive Zeit in der Gegenwart des Herrn verbringen, kann uns das niemand körperlich ansehen, doch man kann es geistlich spüren. Vielleicht fühlen sich Menschen zu uns hingezogen, ohne zu wissen oder zu verstehen, warum. Da ist bloß irgendetwas an uns, aufgrund dessen sie uns ihr Wohlwollen zeigen möchten.

Genau das meine ich, wenn ich davon spreche, dass Gott sein Licht auf uns scheinen lassen und uns seine Gunst schenken wird, wenn wir in Demut und Gehorsam leben. Wir werden belohnt, wenn wir in der Gemeinschaft mit unserem himmlischen Vater Zeit verbringen.

Normalerweise fahre ich gerne selbst, doch an diesem Morgen fragte ich meine Freundin, ob sie fahren könnte, damit ich noch Zeit mit dem Herrn verbringen konnte. Deshalb saß ich die ganzen fünfundvierzig Minuten lang auf dem Weg zum Einkaufszentrum im Auto, las die Bibel und sonnte mich in der Gegenwart des Herrn.

Als wir aus dem Auto ausgestiegen waren und das Einkaufszentrum betreten hatten, ging eine Dame an mir vorbei und sagte: »Joyce, ich kenne Sie. Ich komme manchmal zu Ihren Versammlungen.« Dann fügte sie hinzu: »Sie sehen so toll aus! Ich kann gar nicht glauben, wie wunderschön Sie sind!«

Ich konnte ihr nur danken und ging weiter meines Weges und pries den Herrn. Doch das war nur der Anfang.

Obwohl ich oft von Menschen erkannt werde und sie mich von Zeit zu Zeit auch besuchen kommen wollen, war dieser Tag einzigartig in all den Jahren meines Dienstes. Wir waren ja weit von dem Ort entfernt, an dem wir unsere Versammlungen abhalten. Doch es schien so, als ob die Menschen überall, wo wir auch hingingen, mich grüßten und mir Komplimente machten, mir sagten, wie gut und wie jung ich doch aussah und wie strahlend ich doch wäre. Eine Dame im Schuhgeschäft ging sogar so weit, zu meinen, ich hätte wohl ein Gesichtslifting machen lassen, weil ich noch besser aussah als das letzte Mal, als sie mich gesehen hatte!

Das war für mich schon fast lustig. Doch es hörte nicht auf. Es ging die ganze Zeit so weiter, während wir unseren Einkaufsbummel machten. Ich wusste, Gott war dafür verantwortlich. Ich wusste, dies alles passierte, weil der Herr seinen Lichtstrahl auf mich gerichtet hatte. Ich wusste, nichts von all dem konnte ich mir selbst zuschreiben, sondern, genau wie bei Mose, war die Herrlichkeit des Herrn auf mir, weil ich Zeit in seiner Gegenwart verbracht hatte. Mein Gesicht leuchtete und die anderen fühlten sich zu mir hingezogen, weil ich seine Herrlichkeit und nicht meine widerspiegelte.

Wenn Ihnen auch schon einmal so etwas passiert ist, wenn Sie schon einmal übernaturliche Gunst bei Menschen genossen haben, dann, weil das Licht des Herrn auf Sie strahlte. Vielleicht haben die Leute erkannt, dass das, was sie in Ihnen gesehen haben, Gott selbst war, vielleicht aber auch nicht. Doch das Resultat war das Gleiche.

Wenn dies uns widerfährt, können wir Gott nur noch danken und preisen.

Zunehmende Gunst

Und die Herrlichkeit, die du mir gegeben hast, habe ich ihnen gegeben, dass sie eins seien, wie wir eins sind.

Johannes 17,22

Wir haben in Lukas 2,52 gelesen, dass Jesus in der Gunst bei Gott und den Menschen zunahm. Hier in Johannes 17,22 sagt Jesus, als er kurz vor seiner Himmelfahrt zu seinem Vater betete, dass er uns als seinen Jüngern die gleiche Herrlichkeit und Ehre gegeben hat, die ihm sein Vater gegeben hatte, damit wir eins seien, wie sie eins sind.

Das sollte reichen, um uns alle aufzurütteln. Wir sollten in jubelnde Freude ausbrechen, wenn wir so einen Textabschnitt lesen. Wir sollten glauben und bezeugen, dass wir Gunst bei jedem haben, den wir treffen und auch in jeder Situation, der wir in unserem Leben gegenüberstehen. Wir sollten Gott preisen und ihm danken, dass seine Gunst sogar wächst und zunimmt, wenn wir in der Gemeinschaft mit ihm und miteinander bleiben - und seinem Willen demütig gehorchen und in Einheit weitergehen, wie Jesus auch.

Botschafter Christi

Alles aber von Gott, der uns mit sich selbst versöhnt hat durch Christus [uns in seine Gunst kommen ließ, uns in Eintracht mit sich selbst gebracht hat] und uns den Dienst der Versöhnung gegeben hat [dass wir durch Wort und Tat andere wieder in Eintracht mit ihm bringen können], nämlich dass Gott in Christus war und die Welt mit sich selbst versöhnte, ihnen ihre Übertretungen nicht zurechnete und in uns das Wort von der Versöhnung gelegt hat [der Wiederherstellung der Gunst].

So sind wir nun Gesandte an Christi Statt, indem Gott gleichsam durch uns ermahnt; wir [als Stellvertreter Christi] bitten für Christus: Lasst euch versöhnen mit Gott!

1. Korinther 5,18-20 (Elberfelder mit eigener Übersetzung)

Verstehen Sie diese Schriftstelle auch so, dass Gott möchte, dass wir - und durch uns jeder auf der Erde - in seine Gunst kommen? Ist Ihnen auch klar, zurückblickend auf das, was wir schon gesagt haben, dass der Teufel uns diese Gunst durch Betrug und Täuschung gestohlen hat? Jesus kam, um die Gunst für das Volk Gottes wiederherzustellen - und durch uns auch für jeden anderen, egal wo.

Gunst zu haben und genießen zu können ist Teil unseres *Erbes*. Es ist Teil unseres *Dienstes*, als Gesandte Christi aufzutreten und andere dazu zu bewegen, diese wunderbare Gabe der Vergebung und der Versöhnung zu empfangen und seine große Gnade und unverdiente Gunst mit ihnen zu teilen.

Gott möchte uns mit sich selbst wieder versöhnen, damit wir als seine Gesandten in der Welt auftreten können. Genau so müssen wir uns selbst auch sehen, als Abgesandte eines fernen Landes. Die Bibel sagt, dass wir Fremdlinge sind und unsere Heimat nicht hier auf der Erde ist, sondern wir nur dies Leben hier durchwandern (1. Petrus 2,11). Gott bittet die anderen durch uns, seine Vergebung, Gnade und Gunst zu empfangen.

Denken Sie einmal darüber nach. Wie werden ausländische Botschafter behandelt? Werden sie nicht königlich behandelt? So eine Behandlung sollten wir erwarten und genau so sollten wir mit anderen umgehen, zu denen wir vom Herrn um seines Reiches Willen gesandt werden.

Die Bibel sagt uns, dass wir nicht nur Botschafter Christi, sondern Könige und Priester Gottes sind (Offenbarung 1,6). Deshalb brauchen wir eine andere Einstellung zu uns selbst und zu den anderen. Wir müssen uns wie königliche Gesandte verhalten, wie göttliche Diplomaten.

Ein Bild seiner Gunst

Zieht die ganze Waffenrüstung Gottes an, damit ihr gegen die Listen des Teufels bestehen könnt!

Denn unser Kampf ist nicht gegen Fleisch und Blut, sondern gegen die Gewalten, gegen die Mächte, gegen die Weltbeherrscher dieser Finsternis, gegen die geistigen Mächte der Bosheit in der Himmelswelt.

Epheser 6,11-12 (Elberfelder)

Lester Sumrall sagt, Christen sollten militant durchs Leben gehen. Ich benutze oft das Wort *aggressiv*. Doch wir meinen beide das Gleiche: Wir als Gläubige müssen zuversichtlich und sicher sein, nicht ängstlich und voller Zweifel (2. Timotheus 1,7). Wir müssen wissen, wer wir in Christus sind und davon überzeugt sein, dass wir ein Recht haben, das zu tun, was wir tun.

Nun, ich rede nicht von einer falschen Einstellung. Ich rede nicht davon, dass wir uns anderen gegenüber aufdringlich oder anmaßend verhalten sollen. Ich predige oft über Demut und Bescheidenheit, indem man Gott die Türen aufmachen lassen sollte, damit er uns einen Weg bahnt. Ich spreche nicht davon, wie man andere behandelt, besonders die, die nicht mit uns einer Meinung sind. Nein, ich rede davon, wie wir uns bösen Geistern gegenüber verhalten sollen, die sich gegen uns stellen und uns schikanieren. Ich spreche davon, dass wir uns in der natürlichen Welt genau so benehmen sollen, wie wir gemäß der Bibel in der geistlichen Welt sind.

Wir dürfen nicht vergessen, dass unser Kampf nicht gegen Fleisch und Blut ist, sondern gegen mächtige, geistliche Feinde. Wenn es Menschen gibt, die Ihnen gegenüber negativ eingestellt sind, dann ist das vielleicht so, weil Sie nicht in der Gnade und Gunst leben, die Gott für Sie bereit hält. Es mag so sein, weil Sie Ihre rechtmäßige Stellung als Kind Gottes aufgegeben haben. Es ist vielleicht so, weil Sie sich vor dämonischen Geistern beugen und ihnen das Recht und die Autorität geben, Sie zu erschrecken und einzuschüchtern.

Wie sehen Sie sich selbst?

Und der HERR redete zu Mose und sprach:

Sende dir Männer aus, dass sie das Land Kanaan auskundschaften, das ich den Söhnen Israel gebe! Je einen Mann für den Stamm seiner Väter sollt ihr aussenden, jeder ein Fürst unter ihnen.

Und Mose sandte sie aus der Wüste Paran nach dem Befehl des HERRN, alle Männer, die Häupter der Söhne Israel waren ...

Und sie kehrten am Ende von vierzig Tagen von der Erkundung des Landes zurück.

Und sie gingen hin und kamen zu Mose und zu Aaron und zu der ganzen Gemeinde der Söhne Israel in die Wüste Paran nach Kadesch; und sie erstatteten ihnen und der ganzen Gemeinde Bericht und zeigten ihnen die Frucht des Landes.

Und sie erzählten ihm und sagten: Wir sind in das Land gekommen, wohin du uns gesandt hast; und wirklich, es fließt von Milch und Honig über, und das ist seine Frucht. Allerdings ist das Volk stark, das in dem Land wohnt, und die Städte sind befestigt und sehr groß; und auch die Söhne Enaks haben wir dort gesehen ...

Und Kaleb beschwichtigte das Volk, das gegenüber Mose murrte, und sagte: Lasst uns nur hinaufziehen und es in Besitz nehmen, denn wir werden es gewiss bezwingen!

Aber die Männer, die mit ihm hinaufgezogen waren, sagten: Wir können nicht gegen das Volk hinaufziehen, denn es ist stärker als wir.

Und sie brachten unter den Söhnen Israel ein böses Gerücht über das Land auf, das sie ausgekundschaftet hatten, und sagten: Das Land, das wir durchzogen haben, um es zu erkunden, ist ein Land, das seine Bewohner frisst, und alles Volk, das wir darin gesehen haben, sind Leute von hohem Wuchs ...

4. Mose 13,1-3; 25-28; 30-32 (Elberfelder)

Als das Volk Israel in die Nähe seines Bestimmungsortes gelangte, gab der Herr Mose die Anweisung, zwölf Männer, einen von jedem Stamm, auszuwählen und sie als Kundschafter in das Land Kanaan zu schicken.

Als sie zurückkehrten, waren sich alle zwölf darin einig, dass das Land fruchtbar und ertragreich war, ein Land in dem Milch und Honig flossen. Doch als nun entschieden werden sollte, wie weiter vorzugehen sei, gaben zehn von den zwölf eine »schlimme Berichterstattung«, während nur zwei, Josua und Kaleb, Gutes zu berichten hatten. Die Zehn hatten Angst und deshalb waren ihre Berichte negativ. Das Problem bestand darin, dass sie die Situation so sahen, wie sie sich vor ihren menschlichen Augen darstellte, Kaleb und Josua jedoch schauten durch die Augen des Herrn und sahen die geistliche Situation.

Schauen wir uns einmal Vers 33 an, in dem die zehn Kundschafter über die Bewohner und über sich selbst sagten: ... **auch haben wir dort die Riesen gesehen, die Söhne Enaks von den Riesen; und wir waren in unseren Augen wie Heuschrecken, und so waren wir auch in ihren Augen.**

Wie sehen Sie sich selbst? Als eine Heuschrecke oder als einen starken Krieger Gottes? Berichten Sie Gutes oder berichten Sie Übles? Wenn der Herr Ihnen eine neue Gelegenheit vor die Füße legt, jammern Sie dann ängstlich »Ich werde die Riesen in dem Land nicht bezwingen können«, oder erklären Sie mutig »Ich gehe voran, denn ich werde es schon schaffen!« Zehn der Israeliten sahen die Riesen ... zwei sahen Gott! Schauen Sie auf Gott. Sie + Gott = alles ist möglich.

Um ehrlich zu sein, habe ich weder die Ausbildung noch eine natürliche Qualifikation, irgendetwas von dem zu tun, was ich mache. Ich bin wirklich gerade die, von der niemand gedacht hätte, dass sie vor einer Menschenmenge stehen, predigen und lehren würde. Niemand hätte je von mir erwartet, mich im Radio zu hören oder im Fernsehen sehen zu können. Ich denke so oft: »Herr, wie konntest du das nur durch mich tun? Warum kommen die Menschen immer wieder, Woche für Woche, um mich reden zu hören? Warum schalten sie regelmäßig unsere Radio- und Fernsehprogramme ein?

In meinem Dienst reise ich durchs ganze Land. Manchmal kommen Menschen zu meinen Versammlungen, die ich noch nie zuvor gesehen habe und sitzen zwei ganze Tage lang unter den Zuhörern und hängen an jedem meiner Worte. Warum tun sie das? Sie tun das, weil Gott mir seine Gunst gibt. Und er gibt auch Ihnen seine Gunst, wenn Sie bereit sind, sie zu empfangen.

Gott kann bewirken, dass Sie akzeptiert werden. Er kann Sie vermitteln. Er kann Ihnen den Mut und die Zuversicht geben, die Sie brauchen, um ein Gewinner zu sein. Doch Sie müssen seinem Plan für Ihr Leben zustimmen. Sie müssen damit aufhören, sich selbst als Gegenteil dessen zu sehen, was er über Sie sagt. Sie müssen lernen, Ihr Selbstbild zu verändern.

Doch Sie müssen nicht nur lernen, sich selbst anders wahrzunehmen, sondern auch eine andere Haltung einzunehmen. Lassen Sie in einem Gespräch nicht den Kopf hängen. Manche Menschen tun mir wirklich leid. Sie kommen, um mit mir zu reden und sind dabei so nervös und zitterig, dass sie kaum sprechen können. Nur weil ich eine gewissen Autorität habe, scheinen sie Angst vor mir zu haben. Das kommt aus einer Unsicherheit heraus. Es ist ein Zeichen von fehlender Selbstsicherheit.

Wenn Sie mit jemandem sprechen, stellen Sie sich gerade hin und schauen Sie der Person in die Augen. Es gibt keinen Grund, warum Sie voller Scham und Verlegenheit auf den Boden starren müssten. Es ist ganz gleich, wie bemitleidenswert Sie im natürlichen Leben gewesen sind. Geistlich gesehen ist Jesus dafür gestorben, Sie hochzuheben, damit Sie mit ihm an himmlischen Orten sein können. Ganz gleich wie niedrig Sie auch vorher waren, jetzt haben Sie eine Krone voller Herrlichkeit und Ehre auf dem Kopf. Ganz gleich, wie Sie vorher auch gekleidet waren, jetzt tragen Sie ein Gewand der Gerechtigkeit und haben einen Siegelring am Finger. Wissen Sie, was dieser Siegelring bedeutet? Er ist ein Zeichen dafür, dass Sie Autorität haben. Was Sie auch sagen, der Herr wird hinter Ihnen stehen.

Lassen Sie es nicht zu, dass der Teufel Ihren Kopf mit Gedanken der Wertlosigkeit füllt. Vergessen Sie nicht: Gedanken sind Samen. Ihr Geist kann nur das hervorbringen, was Sie in Ihrem Verstand und in Ihrem Herzen gesät und wachsen lassen haben. Jeder Gedanke, dem Sie Einlass gewähren, damit er in Ihrem Inneren Wurzeln schlagen kann, wird wachsen und Frucht tragen.

Deshalb müssen Sie lernen, negative Gedanken und Worte durch positive zu ersetzen. Sie müssen aufhören, sich selbst als unwürdigen Sünder zu sehen und anfangen, sich selbst als die Gerechtigkeit Gottes in Christus Jesus wahrzunehmen (1. Korinther 1,30).

Vergessen Sie nicht: Sie haben genau so ein Recht auf Gottes Gunst wie jeder andere auch. Lernen Sie, die Gunst anzunehmen und darin zu leben.

Gunst ist eine Gabe Gottes

Im Gegenteil: Was nach dem Urteil der Welt ungebildet ist, das hat Gott erwählt, um die Klugheit der Klugen zunichte zu machen, und was nach dem Urteil der Welt schwach ist, das hat Gott erwählt, um die Stärke der Starken zunichte zu machen.

Was in dieser Welt unbedeutend und verachtet ist und was 'bei den Menschen' nichts gilt, das hat Gott erwählt, damit ans Licht kommt, wie nichtig das ist, was 'bei ihnen' etwas gilt.

Denn niemand soll gegenüber Gott 'mit vermeintlichen Vorzügen' prahlen können.

(1. Korinther 1,27-29 NGÜ)

Als ich einmal über Smith Wigglesworth und seinen großen Glauben las, war ich unglaublich beeindruckt von all den wunderbaren Dingen, die er tat, wie zum Beispiel Kranke heilen oder Tote auferwecken. Ich dachte: »Herr, ich weiß, ich bin berufen, doch so etwas könnte ich niemals tun.«

Plötzlich sprach der Herr zu mir und sagte: »Warum nicht? Geht bei dir nicht auch alles drunter und drüber?«

Wissen Sie, wir sehen die Dinge oft verkehrt. Wir glauben, Gott sucht nach Menschen, bei denen »alles passt«. Doch das stimmt nicht. In der Bibel lesen wir, dass Gott das Schwache und Ungebildete erwählt, um die Weisen zu irritieren. Er sucht nach denen, die sich demütigen und ihm erlauben, durch sie sein Werk zu tun und seinen Weg zu gehen.

Wenn wir aufpassen und nicht hochmütig oder arrogant werden, kann uns der Herr genau so mächtig wie Smith Wigglesworth oder jeden anderen großen Mann oder jede andere große Frau Gottes gebrauchen. Doch sobald wir uns stolz erheben, ist Gott verpflichtet, uns wieder auf den Boden der Tatsachen zu bringen. Vergessen Sie nicht, die Bibel sagt, dass Gott jemanden erhöhen, aber auch erniedrigen kann (1. Samuel 2,7). Letztendlich dürfen wir nicht vergessen, dass es seine Kraft ist, nicht unsere. Er erwählt uns nicht, weil wir so begabt, sondern weil wir verfügbar sind. Auch das ist Teil der Gnade und der Gunst Gottes, die er auf uns ausschüttet, wenn er uns als persönliche Botschafter Christi beruft.

Von Christus persönlich bevollmächtigt

So sind wir nun Gesandte an Christi Statt, indem Gott gleichsam durch uns ermahnt; wir [als persönlich Bevollmächtigte Christi] bitten für Christus: [Ergreift die göttliche Gunst, die euch jetzt angeboten wird und] Lasst euch versöhnen mit Gott!

2. Korinther 5,20 (Elberfelder mit eigener Übersetzung)

Wie wir bereits gesehen haben, sind wir Gesandte Christi, persönlich bevollmächtigt durch den Sohn des lebendigen Gottes.

Das heißt, was auch immer wir tun, sollen wir exzellent machen. Das bedeutet, wo wir auch hingehen, sollen wir Jesus Christus für jeden, den wir treffen, repräsentieren und zwar überall, wo wir Kontakte haben. Deshalb sollen wir immer wie königliche Botschafter oder Abgesandte aussehen, reden und uns so benehmen. Und deswegen sollen wir auf uns acht geben, auf unseren Körper, unsere Gedanken und unseren Geist, aber auch auf die Dinge, die uns gehören.

Als Gesandte Christi sollten unsere Häuser und Gärten und Autos und Kleidung sauber, rein und gut erhalten sein. Wir sollten das Beste aus dem, was wir haben, machen. Das heißt nicht, dass wir das Beste haben müssen. Ganz sicher müssen wir nicht alles, was andere besitzen, auch haben. Doch wir müssen sicher gehen, dass alles, was wir tun, Christus Ehre und Herrlichkeit bereitet.

Wir dürfen nicht vergessen: Durch uns, seine von ihm persönlich Bevollmächtigten auf dieser Erde, fordert er die Welt auf und bittet sie um seiner selbst willen, die göttliche Gunst, die er ihnen anbietet, zu ergreifen und sich mit Gott versöhnen zu lassen.

Paulus will uns in diesen Versen sagen, dass wir, die wir seine göttliche Gunst empfangen haben, die Aufgabe und den Ruf haben, andere zu beeinflussen, damit sie die gleiche göttliche Gunst empfangen, die Gott ihnen genau so wie uns gewähren möchte.

Leuchte!

Und der HERR redete zu Mose und sprach:

Rede zu Aaron und zu seinen Söhnen und sprich: So sollt ihr die Söhne Israel segnen! Sprecht zu ihnen:

Der HERR segne dich und behüte dich!

Der HERR lasse sein Angesicht über dir leuchten und sei dir gnädig!

Der HERR erhebe sein Angesicht auf dich und gebe dir Frieden!

4. Mose 6,22-26 (Elberfelder)

Gottes Angesicht ist sein Gesicht, aber auch seine Erscheinung. Wenn ein Mann oder eine Frau Gottes zu uns sagt: **Der Herr lasse sein Angesicht über dir leuchten und sei dir gnädig! Der Herr erhebe sein Angesicht auf dich und gebe dir Frieden!** (4. Mose 6,25-26), dann ist damit gemeint: »Mögen andere die Herrlichkeit Gottes in dir und durch dich sehen.«

Ich möchte Sie ermutigen, etwas zu tun. Wenn Sie aus dem Haus gehen und den Tag beginnen, bitten Sie den Herrn, sein Angesicht über Ihnen leuchten zu lassen. Bitten Sie ihn, sein Angesicht über Sie zu erheben und Ihnen Frieden zu geben. Bitten Sie ihn, Sie mit seiner Herrlichkeit so zu überstrahlen wie einst

Mose. Dann lassen Sie das Licht vor anderen leuchten, damit sie es sehen und Ihren Vater im Himmel preisen (Matthäus 5,16).

Sie können Ihr Licht leuchten lassen, in dem Sie einfach einmal lächeln. Auch so können Sie den Schalter der Herrlichkeit Gottes anschalten. Das Licht der Herrlichkeit Gottes ist in Ihnen, doch wenn Sie es nicht nach draußen scheinen lassen, werden die Menschen um Sie herum nicht gesegnet werden. Erstaunliches wird passieren, wenn Sie lächeln und nett zu anderen sind. Seien Sie so vielen Menschen so oft wie möglich wohlgesonnen. Wenn Sie das machen, werden Sie selbst Gunst erlangen, denn wir wissen, dass wir das ernten, was wir säen (Galater 6,7). Wenn wir gut zu anderen sind, werden wir auch von ihnen Gutes erfahren.

Gesegnet, um ein Segen zu sein

Ich möchte dieses Kapitel beenden und Sie ermutigen, Gott um seine übernatürliche Gunst zu bitten. Bitten Sie ihn darum, Gutes von all den Menschen zu erfahren, mit denen Sie in Kontakt kommen. Bitten Sie ihn darum, wohlgesonnen behandelt zu werden, wo Sie auch hin gehen. Und beten Sie dafür, dass andere Gottes Gunst erleben. Gott sagte Abraham, dass er ihn segnen und zum Segen setzen würde (1. Mose 12,2).

Wenn ich zum Beispiel ein Restaurant betrete, bete ich: »Herr, ich danke dir, dass ich hier in deiner Gunst stehe. Bitte segne mich, und ich segne alle, die hier sind.« Normalerweise werde ich dann besser bedient, bekomme besseres Essen und werde besser behandelt. Sollten Sie das auch mal ausprobieren, aber nicht gleich den Erfolg sehen, lassen Sie sich nicht entmutigen. Die Bibel spricht davon, dass es Zeiten geben wird, in denen Christen verfolgt werden. Wir müssen jede Botschaft ausgewogen betrachten.

Ich muss zugeben, auch ich bete manchmal an bestimmten Orten um Gottes Gunst und werde dort alles andere als gut behandelt. Doch meistens sehe ich gute Resultate, wenn ich das

Gesagte praktiziere. Ich glaube auch, wie wir uns verhalten, wenn wir nicht gut behandelt werden, ist ein entscheidender Faktor dafür, in wie weit das Gesagte wirklich in unserem Leben Fuß fasst und wirkt. Wenn Sie sich selbst in einer Situation wiederfinden, in der die Dinge anders laufen, als Sie es sich gewünscht hätten, beten Sie und bitten Sie den Herrn, Ihnen zu helfen, dem Druck standzuhalten. Bewahren Sie sich Ihre positive Einstellung und geben Sie ihm alle Ehre und allen Preis.

Wo Sie auch hingehen, beten Sie um seine göttliche Gunst - für die anderen und für Sie selbst. Wenn Sie das tun, wird sein übernatürliches Wohlwollen auf Sie kommen und Sie werden gesegnet werden, damit Sie selbst ein Segen sein können.

Kapitel 5

Eine dankbare Gesinnung

Gott möchte ein dankbares Volk haben, nicht ein murrendes, nörgeliges und mürrisches Volk, das sich ständig beschwert. Ich denke, wir alle wissen das und doch müssen wir ab und zu einmal wieder daran erinnert werden.

Wenn wir die Geschichte des Volkes Israels betrachten, ist es interessant zu sehen, dass genau diese negative Einstellung der Grund war, warum sie vierzig Jahre lang durch die Wüste wandern mussten, bevor sie in das Gelobte Land kamen. Wir können vielleicht viele Gründe dafür nennen, doch Gott kannte nur einen: Unglauben.

Gott weiß, wenn sein Volk ihm wirklich vertraut, ganz gleich was im Leben geschieht, wird es erfahren, dass nichts zu groß für ihn ist und er alles zum Guten lenkt, wenn es ihm weiterhin vertraut. Freude und Frieden finden wir im Glauben, nicht im Murren, Nörgeln, Meckern oder sich Beschweren.

Diese Lektion müssen wir genau so lernen, wie die Kinder Israels sie lernen mussten. Und eines wird uns helfen, diese Lektion zu lernen, nämlich eine Offenbarung der Gnade Gottes.

Eine Offenbarung der Gnade Gottes

Wenn jemand durch eigene Leistungen für gerecht erklärt werden will, ist er wie ein Arbeiter, dessen Lohn auf der Grundlage des

Geleisteten berechnet wird. Was er bekommt, bekommt er nicht aus Gnade, sondern weil man es ihm schuldet.

Römer 4,4 (NGÜ)

In diesem Vers wird davon ausgegangen, dass, wenn eine Person für ihren Lohn arbeitet und der Zahltag kommt, sie nicht wirklich dankbar für das ist, was sie bekommt, weil sie empfindet, es sich verdient zu haben.

Das ist ein gutes Beispiel für sogenannte »Werke« in der Bibel (Römer 4,2). Werke sind genau das Gegenteil von Gnade. Gnade haben wir als unverdiente Gunst definiert, die Gott auf die ausgießt, die nicht dafür gearbeitet und sie eigentlich gar nicht verdient haben.

Es gibt nichts, was einen Mensch stolzer und hochmütiger machen kann als das, was er für seinen eigenen Verdienst hält. Und es gibt nichts, was einen Menschen dankbarer machen kann als eine Offenbarung der Gnade Gottes, die ihm unverdient zuteil wurde.

Wenn Sie und ich glauben, dass wir das verdienen, was wir von Gott empfangen, weil wir es uns durch unsere guten Werke erarbeitet haben - unsere langen Gebetszeiten, unsere tägliche Bibellese, unsere regelmäßigen Spenden, unsere Fähigkeit, in der Frucht des Geistes zu handeln - werden wir nicht dankbar sein. Ganz im Gegenteil, wir werden sogar der Meinung sein, all die Segnungen Gottes seien ein Beweis unserer persönlichen Heiligkeit und Gerechtigkeit. Dann wiederum werden wir aufgrund dieser stolzen, selbstgerechten Einstellung auf andere herabblicken und sie verurteilen, weil sie anscheinend nicht so gesegnet wie wir sind.

All zu oft blicken wir auf andere Menschen in der Gemeinde Christi, die gerade eine schwere Zeit durchmachen und denken bei uns selbst: »Wenn diese Menschen einfach das machen würden, was ich mache, hätten sie nicht diese ganzen Probleme.« Obwohl solch eine Aussage auch ein Quäntchen Wahrheit in sich haben kann, dürfen wir nicht vergessen, was der Apostel

Paulus über sich selbst gesagt hat: »Ich bin, was ich bin durch die Gnade Gottes« (1. Korinther 15,10).

Ich möchte Ihnen gerne einmal ein persönliches Beispiel dafür geben, wie wir eine ungute Grundhaltung entwickeln, wenn wir zu stolz auf unseren eigenen Fähigkeiten und Leistungen werden.

Ich war früher immer sehr hochmütig und stolz gegenüber jedem, der nicht eine so starke Persönlichkeit wie ich hatte. Ich schaute auf jeden hinunter, der nicht so entschlossen war, zu überwinden wie ich, der körperlich, geistig und emotional nicht so viel leisten konnte wie ich. Schließlich fand der Herr einen Weg, damit ich verstehen lernte, dass ich alles, was ich bin, wie Paulus nur durch seine Gnade und Güte und nicht durch meine eigene große Kraft und Stärke bin. Er zeigte mir, dass, wenn er diese Gnade und Güte für einen Moment von mir nimmt, ich nicht länger die Person sein kann, die ich zu sein meinte und auf die ich so stolz war.

Eine dankbare Gesinnung

Wie ich Ihnen bereits mehrmals erzählt habe, war ich total unglücklich und frustriert, bevor Gott mir seine Gnade offenbarte. Warum? Weil ich nicht wusste, wie ich es Gott ermöglichen sollte, mir bei meinen Problemen zu helfen. Der Durchbruch für mich kam, als der Herr anfing, mich darin zu unterrichten, wie der Heilige Geist in der heutigen Zeit wirkt und arbeitet.

Wie ich bereits erwähnte, ist »Geist der Gnade und des Gebetes« einer der fünfundzwanzig in der Bibel genannten Namen für den Heiligen Geist. Wenn wir also über den Heiligen Geist reden, reden wir über den Geist der Gnade. Er ist die Kraft Gottes, die in unser Leben kommt, damit wir allen negativen Neigungen in uns entgegenwirken können und die uns hilft, jedes Problem zu lösen, dem wir begegnen.

Wir haben gesagt, dass alles Gute in unserem Leben durch die Gnade Gottes geschieht. Ich glaube, erst wenn wir diese Wahrheit erkennen, werden wir die dankbaren Menschen sein, die Gott sich wünscht.

Auch wir Christen stehen in der Gefahr, selbstsüchtig und undankbar zu sein. Das ist menschlich. Wir können beten und von Gott etwas erwarten, wir können sogar dankbar sein, wenn wir etwas empfangen. Doch es dauert nicht lange und aus unserer dankbaren Haltung wird eine Erwartungshaltung. Selbst in unserer Beziehung zum Herrn können wir eine fordernde Einstellung an den Tag legen. Es kann sogar so weit kommen, dass wir ärgerlich und gereizt sind, wenn der Herr uns nicht all das gibt, was uns unserer Meinung nach als »Königskindern« zusteht. Wir als seine Kinder haben Rechte und auch ein Erbe, doch eine demütige Gesinnung ist ein »Muss«. Ohne Demut sind wir undankbar und anmaßend.

Folgendes Beispiel zeigt uns, wie schnell und einfach wir einer negativen Grundeinstellung zum Opfer fallen. Vielleicht glauben wir, dass Gott uns ein größeres Haus schenken wird und sind auch dankbar, wenn wir eins bekommen. Innerhalb von Monaten aber beschweren wir uns, weil wir nun dieses »riesengroße Haus« putzen müssen!

Sie und ich haben viele Gelegenheiten, uns regelmäßig über etwas zu beschweren. Doch Beschwerden sind einzige und allein dazu gut, dem Feind die Tür zu öffnen. Sie lösen keine Probleme. Sie schaffen nur einen Nährboden für größere Probleme.

In diesem Kapitel möchte ich Sie ermutigen, gemeinsam mit mir Ihr Herz zu öffnen und dem Herrn zu gestatten, uns zu lehren, wie wir den Heiligen Geist, den Geist der Gnade und des Gebetes, in unser Leben lassen, damit er uns jeden Tag hilft.

Wir wollen lernen, auf die Hilfe zu reagieren, die wir bereits schon erhalten, aber nicht verdient haben, indem wir eine dankbare Haltung entwickeln. Hierbei geht es nicht um ein gelegentliches »Dankeschön«, sondern um einen beständigen Lebensstil der Dankbarkeit. Ein Mensch, der eine »Gesinnung der Dankbarkeit« entwickelt hat, ist jemand, der für alles dankbar ist, was Gott in seinem Leben Tag für Tag tut.

Ein Leben der Dankbarkeit

... Jesus richtete den Blick zum Himmel und sagte: »Vater, ich danke dir, dass du mich erhört hast.«

Johannes 11,41 (NGÜ)

Dies ist ein gutes Beispiel dafür, wie Jesus Gott dankt. Ich möchte Sie dazu ermutigen, wenn Sie beten, Ihr Gebet mit den Worten zu beenden, wie Jesus es tat: »Vater, ich danke dir, dass du mich erhört hast.«

Ich möchte Sie dazu ermutigen, weil Johannes uns sagt, wenn wir wissen, dass Gott uns erhört hat, dann wissen wir auch, dass er uns geben wird, was wir erbeten haben (1.Johannes 5,14-15). Der Teufel möchte, dass wir beten und uns dann weiterhin fragen, ob Gott uns gehört hat und ob er uns wirklich das geben will, worum wir ihn gebeten haben. Wir können diesen Zweifel überwinden, indem wir unsere Stimme voller Dankbarkeit erheben (Psalm 26,7; Jona 2,10). Ein Teil der Kraft des Gebets ist die Kraft der Danksagung, und ein Leben voller Stärke ohne ein Leben voller Dankbarkeit gibt es nicht.

Jesus lebte während seines irdischen Dienstes ein Leben der Dankbarkeit. Er dankte seinem Vater bei den unterschiedlichsten Gelegenheiten und für viele verschiedene Dinge. Er dankte Gott zum Beispiel dafür, dass er den Babys die Wahrheit enthüllt und sie vor den Weisen, Klugen und Gelehrten verbirgt (Matthäus 11,25). Er dankte Gott, als er das Brot brach und mit den Fischen an die viertausend Menschen verteilte (Matthäus 15,36). Er dankte Gott, als er die fünf Brote und zwei Fische an die fünftausend Menschen austeilte (Johannes 6,11). Und er dankte Gott, als er beim letzten Abendmahl seinen Jüngern Brot und Wein gab (Markus 14,22-23).

Nun haben wir einige der Dinge betrachtet, für die Jesus Gott dankte. Wir wollen uns nun ansehen, was Paulus uns über Dankbarkeit zu sagen hat.

Paulus und ein dankbarer Lebensstil

Macht euch um nichts Sorgen! Wendet euch vielmehr in jeder Lage mit Bitten und Flehen und voll Dankbarkeit an Gott und bringt eure Anliegen vor ihn.

Philipper 4,6 (NGÜ)

Paulus sagt uns hier, wie man ein Leben frei von Sorgen und Ängsten lebt – führen Sie einen Lebensstil voller Dankbarkeit.

Jahrelang wurde ich gelehrt (und glaubte dieser Lehre, obwohl ich sie nie selbst auf ihre Richtigkeit hin geprüft hatte oder dies vom Herrn wissen wollte), dass ich Gott nach jedem Gebetsanliegen gleich automatisch und wiederholt dafür danken sollte, dass er das, worum ich ihn gebeten hatte, schon auf den Weg gebracht hat. Mir wurde gesagt (und ich glaubte dies), dass der Teufel auf diese Weise keine Möglichkeit mehr hatte, mich davon abzuhalten, das zu empfangen, was ich von Gott im Gebet erbeten hatte. Mir wurde auch gesagt (und ich glaubte es), dass ich die Segnungen nicht empfangen würde, wenn ich nicht einen ständigen Pegel der Danksagung vorweisen konnte.

Ich war damals davon überzeugt, wie viele Gläubige heute auch, meine Dankbarkeit für das, worum ich Gott im Gebet bat, wäre die tragende Kraft für seine Segnungen.

Die Schrift sagt uns zwar, dass wir für das, worum wir im Gebet bitten, dankbar sein sollen, doch Gott gab mir vor ein paar Jahren einen kleinen Einblick, der ein wenig anders aussah. Und den möchte ich mit Ihnen teilen. Der Herr zeigte mir: Wenn wir im Gebet zu ihm kommen und ihn darum bitten, unsere aktuelle Not zu lindern, dann möchte er, dass wir für das dankbar sind, was er *bereits* getan hat. Er zeigte mir, dass er nicht so sehr an einem *Akt* der Dankbarkeit interessiert ist, sondern an einer dankbaren *Grundhaltung*. Er möchte, dass wir beständig für das dankbar sind, was er in der Vergangenheit getan hat, was er jetzt tut und was er in der Zukunft tun wird. Wenn wir dann mit einer Not zu ihm kommen, ist sie nur ein Punkt unter all unseren Danksagungen. Ich bin mir sicher, unser Lobpreis und unsere

Danksagung sollten einen größeren Stellenwert als unsere Bitten einnehmen.

Genau über diesen Lebensstil sprach Paulus, als er schrieb: **Sagt Gott, dem Vater, jederzeit Dank für alles im Namen Jesu Christi, unseres Herrn** (Epheser 5,20; Einheitsübersetzung)! Auch, als er an die Thessalonicher schrieb, sagte er: **Dankt Gott in jeder Lage! Das ist es, was er von euch will und was er euch durch Jesus Christus möglich gemacht hat** (1. Thessalonicher 5,18).

Solch ein Lebensstil voller Dankbarkeit kommt aus einem dankbaren Herzen. Der Herr offenbarte mir, wenn ein Mensch ein dankbares Herz für das hat, was er schon bekommen hat, ist das ein Zeichen dafür, dass er reif genug ist, auch andere Segnungen zu empfangen.

»Doch«, sagte der Herr »wenn ein Mensch sich immer über das beschwert, was er schon hat, warum sollte ich ihm dann noch mehr geben, über das er maulen und meckern kann?«

Der Punkt ist: Paulus gibt uns in Philipper 4,6 keine Formel, mit der wir das von Gott bekommen, worum wir ihn gebeten haben, indem wir ihm fortwährend dafür danken. Er führt uns einen dankbaren Lebensstil vor Augen, eine Grundeinstellung der Dankbarkeit, die Gott nicht nur für das dankt, was er bereits tut, aber auch voller Dankbarkeit ist für das, was er ist. Denken Sie immer daran, wenn Sie Gott Ihre Bitten darbringen.

Paulus' Liste der Danksagungen

> *Und in ihrem Gebet für euch sehnen sie sich nach euch wegen der überschwänglichen Gnade Gottes [seiner Gunst und Güte und den geistlichen Segnungen, die sich zeigen] bei euch.*
>
> *Gott aber sei Dank für seine unaussprechliche Gabe!*
>
> 2. Korinther 9,14-15 (Luther mit eigener Übersetzung)

Paulus dankte Gott für viele Dinge, genau wie Jesus. Er dankte ihm, dass die Menschen ihn als Prediger aufnahmen. Er dankte

Gott für seine Partner. Er dankte ihm für die Kirchen, die er gründete. Er dankte ihm für die Menschen in den Gemeinden. Er dankte Gott auch dafür, dass er in Zungen sprechen konnte. Er dankte Gott ganz besonders: **... der uns allezeit Sieg gibt in Christus und offenbart den Wohlgeruch seiner Erkenntnis durch uns an allen Orten** (2. Korinther 2,14; Luther)!

Doch wie wir in 2. Korinther 9,15 sehen können, dankte Paulus Gott am meisten, neben Christus selbst, für seine Gnade. Warum? Weil Paulus wusste, dass wir nur durch Gottes Gnade alles Gute, was er für uns bereit hält, empfangen können.

Sie und ich können für viele Dinge in unserem Leben dankbar sein. Das Problem ist nur, dass wir uns nach und nach angewöhnen, sie als selbstverständlich zu betrachten. Der Grund dafür liegt darin, dass wir noch nie ohne sie auskommen mussten. Nur weil wir uns daran gewöhnt haben, reines Trinkwasser und gesundes Essen, gute Kleidung und schöne Häuser, bequeme Transportmittel und ein sehr gutes Bildungssystem, Freiheit und Sicherheit zu haben, vergessen wir, dass Millionen von Menschen auf der ganzen Welt diese wunderbaren Segnungen nicht genießen können. Deshalb glaube ich, wenn wir eine Grundeinstellung voller Dankbarkeit haben wollen, müssen wir bewusst etwas dafür tun. Gott wird uns helfen und uns lehren und daran erinnern, aber wir müssen uns auch neue Gewohnheiten aneignen.

Der Geist der Gnade und des Gebetes

Dies ist die Last, die der HERR ankündigt. Von Israel spricht der HERR, der den Himmel ausbreitet und die Erde gründet und den Odem des Menschen in ihm macht:

Siehe, ich will Jerusalem zum Taumelbecher zurichten für alle Völker ringsumher, und auch Juda wird's gelten, wenn Jerusalem belagert wird.

Zur selben Zeit will ich Jerusalem machen zum Laststein für alle Völker. Alle, die ihn wegheben wollen, sollen sich daran wund reißen; denn es werden sich alle Völker auf Erden gegen Jerusalem versammeln ...

Zu der Zeit wird der HERR die Bürger Jerusalems beschirmen, und es wird zu dieser Zeit geschehen, dass der Schwache unter ihnen sein wird wie David und das Haus David wie Gott, wie der Engel des HERRN vor ihnen her.

Und zu der Zeit werde ich darauf bedacht sein, alle Heiden zu vertilgen, die gegen Jerusalem gezogen sind.

Aber über das Haus David und über die Bürger Jerusalems will ich ausgießen den Geist der Gnade und des Gebets ...

Sacharja 12,1-3; 8.10 (Luther)

In diesem Abschnitt sagt Gott zu seinem Volk, dass er all ihre Feinde vernichten und ihnen einen großen Sieg geben wird, indem er seinen Geist der Gnade (oder unverdienten Gunst) und des Gebetes ausgießen wird.

Man kann nicht im Sieg leben, ohne ein Verständnis für den Geist der Gnade und des Gebetes zu haben. Die beiden Worte *Gnade* und *Gebet* gehören zusammen, denn der Geist des Gebetes ist ein Geist, der Gott um das bittet, was wir brauchen und nicht versucht, es selbst zu bewerkstelligen.

Gott sagt uns hier also: »Wenn der Geist des Gebetes auf euch kommt und ihr anfangt, im Glauben zu beten, dann wird mein Geist der Gnade euer Leben überfluten. Durch diesen Kanal des Gebetes werde ich durch meine Kraft das in eurem Leben vollbringen, was getan werden muss und was ihr nicht alleine tun könnt.«

Die Menschen im Alten Testament hatten dieses Privileg nicht. Sie mussten arbeiten und kämpfen und sich bemühen und anstrengen, weil sie unter dem Gesetz lebten. Und es galt die Regel, wenn eine Person das Gesetz in irgendeiner Hinsicht brach, wurde sie am ganzen Gesetz schuldig.

Deshalb ist die Botschaft der Gnade solch eine gute Nachricht: Gottes Kraft kommt gratis zu uns, und wir brauchen nur zu glauben. Verstehen Sie, wie wunderbar es ist, dass Sie und ich nicht perfekt sein müssen, damit Gott uns hilft? Dass wir nicht erst jeden Tag unseres Lebens alles richtig machen müssen, bevor sich Gott für uns einsetzt? Dass wir ihn nur zu bitten brauchen und dann einfach glauben, dass er uns geben wird, worum wir ihn gebeten haben - auch wenn wir bei weitem nicht perfekt sind? Alles, was uns zu tun bleibt, damit wir die Hilfe, die wir brauchen, bekommen, ist furchtlos, mutig und voller Vertrauen zum Thron der Gnade Gottes zu kommen.

Gottes Thron der Gnade

Denn wir haben nicht einen Hohenpriester, der nicht Mitleid haben könnte mit unseren Schwachheiten, sondern der in allem in gleicher Weise wie wir versucht worden ist, doch ohne Sünde.

Lasst uns nun mit Freimütigkeit hinzutreten zum Thron der Gnade, damit wir Barmherzigkeit empfangen und Gnade finden zur rechtzeitigen Hilfe!

Hebräer 4,15-16 (Elberfelder)

Ist es nicht wunderbar, dass Sie und ich nicht unter dem Gesetz leben und ackern, arbeiten und kämpfen müssen, um Vollkommenheit zu erreichen und zu erhalten, ohne die wir nicht sicher sein könnten, dass Gott unsere Gebete erhört und uns gnädig ist? Ist es nicht einzigartig, dass wir furchtlos, mutig und voll Vertrauen zum Thron der Gnade Gottes (dem Thron seiner unverdienten Gunst zu uns) kommen können und die Güte und Gnade erfahren, die uns in Zeiten der Not helfen?

Ich habe mir dieses Privileg schon oft zunutze gemacht.

Es gibt einige Dinge, die Gott getan hat und die mein Leben radikal verändert haben. Die Taufe im Heiligen Geist gehörte dazu. Ein andermal offenbarte er mir verschiedene Verse, in denen es um bitten und empfangen geht und über die ich schon im ersten Kapitel dieses Buches geschrieben habe. Doch ich möchte noch einmal kurz darauf zurückkommen.

Gott bitten

Woher kommen Kriege (Zwietracht und Fehden) und woher Streitigkeiten (Zank und Kämpfe) unter euch? Nicht daher: Aus euren Lüsten, die in euren Gliedern streiten?

Ihr begehrt (was andere haben) und habt nichts; ihr tötet (wenn ihr hasst, tötet ihr in eurem Herzen) und neidet und könnt nichts erlangen (von dem, was ihr euch an Erfüllung, Zufriedenheit und Glück ersehnt); ihr streitet und führt Krieg. Ihr habt nichts, weil ihr nicht bittet ...

Jakobus 4,1-2 (Elberfelder mit eigener Übersetzung)

Wodurch fühlen wir uns schlecht und was macht uns unglücklich? Warum werden wir frustriert? Warum kommen wir einfach nicht miteinander aus? Warum sind wir immer so bestürzt und ständig in Aufruhr? Warum leben wir nicht in Freude und Frieden? Die Antwort ist offensichtlich. Das ist so, weil unser Leben dem Geist der Gnade und des Gebetes nicht vollständig übergeben worden ist und nicht durch ihn geleitet wird.

Wir alle wissen, dass wir wiedergeboren und geistgetauft und trotzdem total unglücklich sein können. Wie bereits dargelegt, ist weder unsere Errettung noch die Taufe im Heiligen Geist eine Garantie für ein siegreiches Leben. Es gibt noch andere Dinge, die wir lernen und in unserem Leben anwenden müssen, wenn wir siegreich leben wollen. Eine totale Abhängigkeit vom Herrn ist eines der wichtigsten Dinge, die wir uns aneignen müssen.

Die große Offenbarung, die ich über die Jakobus-Schriftstelle bekam, war nicht nur, dass ich ihn nicht um das bat, was ich in meinem Leben brauchte, sondern dass meine ganze Beziehung zu ihm auf dem aufgebaut war, was ich tat. Ich musste lernen, wie ein kleines Kind zum Herrn zu kommen, mich ihm selbst in absoluter Abhängigkeit zu übergeben, anstatt immer zu versuchen, unabhängig zu sein und die Dinge auf meine Art zu erledigen.

Sobald ich diese Offenbarung, mich vollkommen auf den Herrn zu werfen und ihn um das zu bitten, was ich brauchte, bekommen hatte, bat ich ihn um jede Kleinigkeit, die mir auf der Zunge lag. Anstatt zu kämpfen und mich anzustrengen, warf ich alles auf ihn und fing an zu bitten. Nichts war zu groß oder zu klein für mich, was ich nicht auf den Herrn geworfen hätte, um ihn dann zu bitten, sich darum zu kümmern.

Wenn mein Mann Dave ein Football-Spiel im Fernsehen ansehen wollte, die Kinder und ich aber gerne einen Film schauen wollten, fingen wir keinen Krieg an, sondern ich ging in einen anderen Raum und betete: »Herr, wenn du möchtest, dass wir als Familie diesen Film schauen, kannst du bitte Daves Herz verändern?« Ich vertraute Gott, das er Dave verändern würde, wenn es aus seiner Sicht nicht richtig war. Wenn er es nicht tat, war ich auch bereit, das zu akzeptieren.

Die Bibel verspricht uns, dass Gott uns keinen Erfolg schenken wird, wenn wir versuchen, unser eigenes Süppchen zu kochen. Er wird uns stoppen oder sich uns widersetzen und zwar so lange, bis wir einlenken, uns demütigen und zu ihm sagen: »Vater, ich kann diese Situation nicht meistern. Wenn du willst, dass etwas getan werden soll, dann musst du das schon selbst machen.«

Genau deshalb sage ich, dass wir uns vollkommen auf den Herrn verlassen müssen und nicht nur versuchen sollten, das »auf ihn Werfen und ihn Bitten« als eine Form der Manipulation anzusehen, damit wir das von Gott und Menschen bekommen, was wir möchten. Denn solch eine Manipulation zieht, wie jedes andere Werk auch, nur Frustration nach sich. Wir können nur wahren Frieden und Freude im Leben finden, wenn wir wirklich *alle* unsere Sorgen auf den Herrn werfen und ihn bitten, sich um sie zu kümmern und zwar so, wie er es für das Beste hält. Dann müssen wir ihm vertrauen, dass er es tun wird. Bitten Sie Gott um das, was Sie sich wünschen, doch vertrauen Sie ihm, dass er Ihnen das geben wird, was für alle Beteiligten am Besten ist.

Die Gabe des Heiligen Geistes

Der Geist der Gnade und des Gebetes ist der Heilige Geist, der eine Gabe des Herrn ist und im Gebet durch Glauben und Vertrauen empfangen wird.

> *Und ich sage euch: Bittet, und es wird euch gegeben werden; sucht, und ihr werdet finden; klopft an, und es wird euch geöffnet werden!*
>
> *Denn jeder Bittende empfängt, und der Suchende findet, und dem Anklopfenden wird aufgetan werden.*
>
> *Wen von euch, der Vater ist, wird der Sohn um einen Fisch bitten – und wird er ihm statt des Fisches etwa eine Schlange geben?*
>
> *Oder auch, wenn er um ein Ei bäte – er wird ihm doch nicht einen Skorpion geben?*
>
> *Wenn nun ihr, die ihr böse seid, euren Kindern gute Gaben zu geben wisst, wie viel mehr wird der Vater, der vom Himmel gibt, den Heiligen Geist geben denen, die ihn bitten!*
>
> Lukas 11,9-13 (Elberfelder)

Diese Bibelverse sagen im Grunde das Gleiche wie in Matthäus 7,7-11, Elberfelder:

> *Bittet, und es wird euch gegeben werden; sucht, und ihr werdet finden; klopft an, und es wird euch geöffnet werden!*
>
> *Denn jeder Bittende empfängt, und der Suchende findet, und dem Anklopfenden wird aufgetan werden.*
>
> *Oder welcher Mensch ist unter euch, der, wenn sein Sohn ihn um ein Brot bittet, ihm einen Stein geben wird?*
>
> *Und wenn er um einen Fisch bittet, wird er ihm eine Schlange geben?*
>
> *Wenn nun ihr, die ihr böse seid, euren Kindern gute Gaben zu geben wisst, wie viel mehr wird euer Vater, der in den Himmeln ist, Gutes geben denen, die ihn bitten!*

In beiden Bibelabschnitten lesen wir, dass wir nicht aufhören sollen, zu bitten, zu suchen und anzuklopfen, regelmäßig, tagein, tagaus, sieben Tage die Woche, zweiundfünfzig Wochen im Jahr, damit wir das empfangen, was wir brauchen.

Wie oft können wir die ganze Nacht nicht schlafen, kämpfen mit unseren Problemen und kommen ihretwegen nicht zur Ruhe, anstatt sie ganz einfach auf den Herrn zu werfen und ihn zu bitten, unsere Bedürfnisse zu stillen - und ihm dann zu vertrauen, dass er es tun wird.

Erinnern wir uns an Jakobus 4,3 **Ihr erlanget es nicht, weil ihr nicht bittet; ...** (Schlachter) oder an Johannes 16,24 **... bittet, so werdet ihr nehmen, auf dass eure Freude völlig werde** (Schlachter)!

Wie oft *versuchen* wir, geheilt zu werden, ohne Gott um Heilung zu bitten? Wie oft *versuchen* wir, wohlhabend zu werden, ohne Gott um Wohlstand zu bitten? Und wie oft *versuchen* wir, unsere Probleme selbst in die Hand zu nehmen, ohne Gott zu bitten, sie für uns zu lösen?

Wir bitten nicht und suchen nicht und klopfen nicht an, das ist unser Fehler. Wir vertrauen Gott nicht, unserem himmlischen Vater, dass er uns mit den guten Dingen versorgt, um die wir ihn gebeten haben.

Das ist die Grundbotschaft dieser Bibelverse. Sie unterscheiden sich jedoch in einem wichtigen Aspekt. In Matthäus 7,11 sagt Jesus: **»Wenn nun ihr, die ihr böse seid, euren Kindern gute Gaben zu geben wisst, wie viel mehr wird euer Vater, der in den Himmeln ist, *Gutes* geben denen, die ihn bitten!«** In Lukas 11,13 sagt Jesus: **»Wenn nun ihr, die ihr böse seid, euren Kindern gute Gaben zu geben wisst, wie viel mehr wird der Vater, der vom Himmel gibt, *den Heiligen Geist* geben denen, die ihn bitten!«**

Der Geist der Gnade ist eine Gabe Gottes und er ist derjenige, der uns jede gute Gabe schenkt. Der Geist wurde uns gegeben, damit er alles, was wir brauchen, in unserem Leben bewirkt.

Diese Offenbarung hatte einen großen Einfluss auf mein Leben. Bis zu diesem Zeitpunkt hatte ich alles daran gesetzt, Dinge in Bewegung zu setzen und meine eigenen Bedürfnisse zu stillen.

Doch dann wurde es für mich viel einfacher: Wenn ich etwas brauchte, musste ich nur darum *bitten.*

Wenn ich also jetzt Hilfe brauche, bitte ich. Ich bitte ganz einfach den Herrn, sich um meine Probleme zu kümmern und vertraue ihm, dass er sie nach seinem göttlichen Willen und seiner Weisheit lösen wird, anstatt meine ganze Zeit, Energie und die Bemühungen aufzubringen, um meine Probleme mit meinem beschränkten Wissen und Verständnis selbst zu lösen.

Mir wurde bewusst, dass der Heilige Geist in unseren Tagen seinen Dienst tut. Genau das meinte Jesus, als er zu seinen Jüngern davon sprach, dass es für sie besser und vorteilhafter wäre, wenn er sie verlassen würde, weil dann der Heilige Geist, der Tröster, die Gabe Gottes, kommen und Wohnung in ihnen machen würde.

Wir wollen uns diese wunderbare Gabe, den Heiligen Geist, einmal näher ansehen.

Der Heilige Geist als Person

> *Und ich will den Vater bitten, und er wird euch einen andern Tröster (Ratgeber, Helfer, Fürbitter, Beistand, Kraftgeber und Hilfe) geben, dass er bei euch sei in Ewigkeit: den Geist der Wahrheit, den die Welt nicht empfangen (aufnehmen, ins Herz schließen) kann, denn sie sieht ihn nicht und kennt ihn nicht. Ihr kennt ihn, denn er bleibt (immer) bei euch und wird in euch sein.*
>
> Johannes 14,16-17 (Luther mit eigener Übersetzung)

Bevor der Herr mir diese Offenbarung über den heutigen Dienst des Heiligen Geistes gab, hatte ich nicht wirklich verstanden, dass der Heilige Geist eine Person ist. Natürlich wusste ich, dass der Heilige Geist oft als die dritte Person der Dreieinigkeit bezeichnet wird, doch sah ich ihn nicht als Person, eher als eine Sache. Aber ich bin froh, Ihnen sagen zu können, dass der Heilige Geist viel mehr als nur eine Sache ist.

Der Heilige Geist ist eine Gabe Gottes, die er uns durch seine Gnade schenkt, wenn wir ihn im Gebet darum bitten und ihn durch den Kanal des Glaubens empfangen. Seine vielfältige Rolle als Tröster, Ratgeber, Helfer, Fürbitter, Beistand, Kraftgeber und Hilfe hat einen gemeinsamen Nenner: Er ist dazu da, in unser Leben zu kommen und es zur Ehre Gottes gelingen zu lassen.

Wenn Sie nicht viel über den Heiligen Geist als Person wissen, ermutige ich Sie, zu forschen und alles über ihn herauszufinden. Weil der Heilige Geist in Ihnen, mit Ihnen, um Sie herum und über Ihnen ist, möchte er persönlich Anteil an Ihrem Leben haben. Er wurde Ihnen gegeben, um eine ganze Reihe von Dingen in Ihnen, durch Sie und für Sie zu wirken.

Der Heilige Geist macht heilig

Wenn ich euch trotzdem geschrieben habe (und teilweise sogar recht offen), dann deshalb, weil ich euch einige Dinge in Erinnerung rufen wollte. Gott hat mich ja in seiner Gnade dazu berufen, ein Diener Jesu Christi unter den nichtjüdischen Völkern zu sein. Indem ich ihnen das Evangelium Gottes bekannt mache, erfülle ich gewissermaßen einen priesterlichen Auftrag; denn sie sollen eine Opfergabe werden, an der Gott Freude hat, eine Opfergabe, die durch den Heiligen Geist geheiligt ist.

Römer 15,15-16 (NGÜ)

In Johannes 14,2 sagt Jesus zu seinen Jüngern: »Ich gehe hin, um einen Platz für euch vorzubereiten.« Im Verlauf des Kapitel sagt er zu ihnen, dass er den Vater bitten wird, ihnen einen Tröster zu schicken, um immer bei ihnen zu sein. Dieser Tröster ist natürlich der Heilige Geist.

Ich glaube, genau so wie Jesus hingegangen ist, um einen Platz für uns vorzubereiten, hat er den Heiligen Geist geschickt, um uns auf diese Stätte vorzubereiten.

Der Heilige Geist macht heilig. Er ist die wirkende Kraft für die Heiligung in unserem Leben. Wenn Sie sich mit dem Thema

Heiligkeit beschäftigen, werden Sie herausfinden, dass kein Mensch heilig werden kann, außer wenn er sich mit dem Heiligen Geist zusammentut. Warum? Weil der Heilige Geist die Kraft Gottes ist, die er uns gegeben hat, um in uns, durch uns, für uns und an uns das zu tun, was wir selbst nie tun könnten.

Vor meiner Offenbarung hatte ich kaum mit dem Heiligen Geist kommuniziert. Nun glaube ich fest, dass wir im Namen Jesu zum Vater beten sollen, doch ich glaube auch, dass wir sowohl mit dem Heiligen Geist, als auch mit dem Vater und dem Sohn Gemeinschaft haben sollen. Durch diese Zeiten der Gemeinschaft begann ich zu verstehen, dass der Heilige Geist die Rolle des Helfers hat.

Der Heilige Geist als Helfer

Wir haben gesehen, dass das Wort *Tröster*, mit dem der Heilige Geist oft beschrieben wird, vielfältig übersetzt werden kann, entsprechend den vielseitigen Rollen oder Funktionen, die er im Leben eines Gläubigen hat. Zu diesen Rollen oder Funktionen gehört die des Helfers.

Ich habe den Heiligen Geist, die dritte Person der Dreieinigkeit, nie als meinen persönlichen Helfer betrachtet. Ich kann Ihnen versichern: Ich war eine Frau, die viel Hilfe brauchte, doch meinen Sie, ich hatte darum gebeten? Nein, wie bereits mehrmals erwähnt, versuchte ich immer alles alleine. Aufgrund meines Stolzes, meiner Sturheit und meiner Entschlossenheit, alles selbst zu regeln, wollte ich mich nicht demütigen und den Herrn um Hilfe bitten. Ich wusste nicht, wie ich Gott um Hilfe bitten sollte, ganz besonders nicht bei Alltagssituationen: Wenn ich mein Haar frisierte zum Beispiel oder mein Haus für Besuch in Ordnung brachte.

Ich dachte immer, wir als Gläubige können Gott nur dann um seine Hilfe bitten, wenn wir in eine Situation kommen, die uns weit über den Kopf gewachsen ist. Ich dachte, dass unser himmlischer Vater nur dann in unser Leben einbezogen werden möchte, wenn wir riesigen, schwerwiegenden Problemen gegenüber stehen, die in seine göttliche Zuständigkeit fallen.

Ich kann Ihnen gar nicht sagen, wie gut mir das für meine persönliche Beziehung zum Herrn tat, als ich entdeckte und verstand, dass Gott an jedem kleinen Detail unseres Lebens interessiert ist und sich darum kümmern möchte. Und genau so war es ein unglaublicher Schock für mich, als ich begriff, dass er mir in allen Bereichen meines Leben helfen möchte. Ich begriff, dass ich immer dann frustriert gewesen war, wenn ich ihn nicht um seine Hilfe gebeten hatte.

Wir alle wissen, dass wir manchmal Fürbitter haben, die für uns beten und den Herrn bitten, in unsere Situation einzugreifen, weil wir ihn nicht selbst bitten können oder nicht wissen, dass wir ihn bitten können. Doch dann kommt die Zeit, wo wir für unser Leben Verantwortung übernehmen müssen. Warum hilft uns Gott nicht einfach, wenn er sieht, dass wir seine Hilfe brauchen? Weil der Heilige Geist ein Gentleman ist. Er wird sich nicht ungefragt in unsere persönlichen Angelegenheiten einmischen. Er rennt uns nicht die Tür ein. Er wartet stattdessen, bis wir ihn bitten, einzutreten und die Führung zu übernehmen.

Der Herr musste mich lehren, dass er mir helfen wollte; sogar bei den kleinen Alltagsdingen wie Haare frisieren zum Beispiel.

Einmal war es so, dass ich beim Frisieren eine Locke einfach nicht hinbekam. Es war kurz vor einer Bibelstunde und ich war knapp davor, mir selbst mit der Bürste auf den Kopf zu schlagen. Ich war wirklich wütend!

Wissen Sie nicht, dass Satan diese Situationen liebt? Wissen Sie nicht, dass der Teufel sich einfach nur freut, wenn sich eine Frau selbst mit einer Bürste auf den Kopf haut, weil sie ihre Frisur nicht hinbekommt? Wissen Sie nicht, dass der Feind überglücklich ist, wenn er einen Christen findet, der zu stur und zu egoistisch ist, den Herrn um Hilfe zu bitten?

Durch mein Unwissen und meinen Stolz spielte ich dem Teufel direkt in die Hände. Doch an diesem Tag war der Herr fest entschlossen, mich eines Besseren zu belehren. Als alles andere nicht funktionierte, gab ich auf und betete voller Verzweiflung:

»Herr, du sagtest, dass wir nicht haben, weil wir nicht bitten. Deshalb bitte ich dich, mir beim Frisieren zu helfen. In Jesu Namen, bitte lass diese Strähne hier sich locken. Amen!«

Dann versuchte ich es noch einmal. Mit dem gleichen Lockenstab, mit der gleichen Haarsträhne, mit der gleichen Handlung. Ich legte die Strähne wieder in den Lockenstab, drehte sie ein und was passierte? Da war sie, diese kleine süße Locke!

Nun denken Sie vielleicht, diese Geschichte ist etwas lächerlich, aber sie macht etwas klar. Manchmal müssen wir an einen Punkt in unserem Leben kommen, an dem uns bewusst wird, dass nichts passieren wird, wenn wir den Herrn nicht persönlich in unsere Situation mit einbeziehen. Vielleicht kommen Sie nicht an den Punkt, an dem Sie sich am liebsten mit der Bürste hauen würden (ich hoffe nicht!), aber vielleicht kommen Sie dahin, wo Sie in der Versuchung stehen, etwas Dümmeres oder vielleicht sogar Gefährlicheres zu tun. Vielleicht müssen Sie an einen Tiefpunkt kommen, bevor Sie Ihren Stolz und Ärger und Ihre Sturheit aufgeben und den Herrn bitten, in Ihr Leben einzugreifen.

Diese Geschichte mit meinem Haar ist ein gutes Beispiel dafür, wie frustriert ich damals war, denn ich kriegte nichts mehr hin, ganz gleich, wie sehr ich mich auch bemühte. Es war egal, wie viel Glauben ich auch proklamierte, ich konnte weder meinen Mann, noch meine Kinder oder gar mich selbst ändern. Durch diese kleine Erfahrung mit meinem Haar hatte ich gelernt, dass ich nur dann Fortschritte in meinem Leben machen konnte, wenn ich Gott um seine Hilfe bat. Da erst wurde mir die Gegenwart des Heiligen Geistes in mir als mein Freund, mein Ratgeber, Helfer, Fürbitter, Beistand, Kraftgeber und Hilfe bewusst.

Der Heilige Geist als Kraftgeber in standby-Bereitschaft

In unserem modernen Düsenzeitalter verbinden wir mit dem Wort »standby« eine besondere Bedeutung. Wir wissen, dass es Fluggäste gibt, die »standby« reisen. Das bedeutet, sie stehen am

Ticketschalter und warten darauf, den ersten verfügbaren Sitzplatz für sich zu buchen. Der Herr benutzte diese Bild, damit ich etwas über den Heiligen Geist lernen konnte, der für uns in standby-Bereitschaft steht, also jemand ist, der solange bei uns bleibt und auf die erste Gelegenheit wartet, sich einklinken zu können und uns die Hilfe und Stärke zu geben, die wir brauchen. Deshalb wird er auch unser Helfer und Kraftgeber genannt.

Die Worte »Hilf mir!« können das geistlichste Gebet sein, das wir uns nur vorstellen können. Das ist mir bewusst geworden. Ich kann Ihnen gar nicht sagen, wie oft ich in der Woche innehalte und zu Gott rufe: »Hilf mir, Herr, stärke mich. Ich weiß, du bist hier, weil die Bibel mir verspricht, dass du immer bei mir bist, mir in jeder Lebenssituation hilfst und mich stärkst.«

Wenn wir jemals einen echten Sieg erleben wollen, wenn wir jemals in den Genuss des überfließenden Lebens, für das Christus gestorben ist, kommen wollen, müssen Sie und ich uns der biblischen Wahrheit stellen, dass wir nicht haben, weil wir nicht bitten. Solange wir noch versuchen, alles so zu tun, wie wir es wollen und können, frustrieren wir nicht nur uns selbst, sondern enttäuschen auch die Gnade des Heiligen Geistes, denn zu den wichtigen Aufgaben des Heiligen Geistes gehört, denen zu helfen und die zu stärken, die dem Herrn dienen. Er wurde gesandt, damit wir Gnade erfahren.

Ich bin davon überzeugt, viele der Frustrationen, die wir in unserem Leben erleben, kommen daher, dass wir die Hilfe und Kraft, die der Heilige Geist uns immer geben will, nicht annehmen. Ich lerne immer mehr, Frustrationen zu vermeiden, indem ich mich der Quelle aller Hilfe und Stärke öffne, die immer für mich da ist.

Wenn ich Tag für Tag und Abend für Abend predige, bin ich manchmal so erschöpft, dass ich einfach bete: »Herr, hilf mir, ich brauche deine Kraft.« Es gab schon Zeiten, in denen ich an vier Tagen sieben Versammlungen gehalten habe. Manchmal werde ich so müde, dass ich mich selbst daran erinnern muss: Meine Hilfe kommt von dem Herrn. Dann rufe ich zu ihm und nehme seine Verheißung, dass er die Kraft derer erneuern wird, die auf ihn warten, für mich in Anspruch (Psalm 121,2; Jesaja 40,31). In diesen Momenten empfange ich immer die Hilfe und Stärke, die ich brauche, um die Arbeit, zu der Gott mich berufen hat, zu tun.

Doch der Heilige Geist hat nicht nur diese eine Rolle und Funktion, nämlich bereit zu stehen, und Hilfe und Stärke zur Verfügung zu stellen. Er ist auch ein Lehrer, Führer und Ratgeber.

Der Heilige Geist als Ratgeber

Aber der Tröster (Ratgeber, Helfer, Fürbitter, Beistand, Kraftgeber, Hilfe), der heilige Geist, den mein Vater senden wird in meinem Namen [an meiner Statt, damit er mich in meinem Sinne vertrete], der wird euch alles lehren und euch an alles erinnern (euch alles in Erinnerung rufen), was ich euch gesagt habe.

Johannes 14,26 (Luther mit eigener Übersetzung)

Wie oft frustrieren wir uns selbst und versuchen, einer Sache selbst auf den Grund zu gehen? Wie oft rennen wir zu einer anderen Person und fragen nach ihrem Beistand und Rat, nur um am Ende um so frustrierter zu werden, weil wir erkennen, dass diese Person nicht mehr über diese Situation weiß als wir selbst?

Ich meine damit nicht, dass wir uns keine Hilfe oder keinen Rat von anderen holen sollen. Es gibt immerhin einige, die in diesem Bereich ausgebildet sind. Ich meine aber, dass wir uns durch den Heiligen Geist leiten lassen sollen, auch dann, wenn wir andere um Hilfe und ihren Rat bitten.

Wir als Gläubige dürfen nicht vergessen, dass der Heilige Geist unser Ratgeber ist. Ich habe in meinem persönlichen Leben gelernt, dass ich in Situationen, in denen ich nicht weiß, wie ich mich verhalten soll oder wie ich sie lösen kann, einfach nur sagen muss: »Heiliger Geist, lehre mich, gib mir deinen Rat.«

Ich möchte mit Ihnen ehrlich sein. Mein Mann Dave und ich sind ganz normale Menschen, die keine Ahnung haben, wie man so einen Dienst wie den unseren leitet. Ohne die Hilfe Gottes hätten wir keine Chance, das zu tun, was wir jetzt tun. Ich kann Ihnen gar nicht sagen, wie oft wir zum Herrn sagen: »Vater, zeige uns, lehre uns, gib uns Rat, hilf uns und stärke uns. Heiliger Geist, dies ist dein Dienst und wir legen alles ganz in deine Hand. Leite es so, wie du es möchtest.«

Wenn Sie dem Herrn eine Situation ganz zur Verfügung stellen, dann überlassen Sie ihm alles. Versuchen Sie nicht, sie wieder in Ihrer eigenen Stärke und Weisheit zu meistern. Ich kann Ihnen aus eigener Erfahrung sagen, das klappt nicht. Es wird nur zu noch mehr Frustrationen und Missmut führen. Vertrauen Sie dem Herrn ganz. Lassen Sie sich vom Ratgeber, dem Geist der Wahrheit, in alle Wahrheit führen (Johannes 16,13). Er wurde Ihnen nämlich gegeben, um das zu tun.

Der Geist des Friedens

Frieden lasse ich euch, meinen [eigenen] Frieden gebe ich euch; nicht wie die Welt gibt, gebe ich euch. Euer Herz werde nicht bestürzt, seid auch nicht furchtsam [Hört auf, es euch selbst zu gestatten, unruhig und verstört zu sein; erlaubt es euch nicht, furchtsam, ängstlich, feige und unsicher zu sein.].

Johannes 14,27 (Elberfelder mit eigener Übersetzung)

Dieser Vers folgt gleich nach dem Vers, in dem Jesus seinen Jüngern sagt, dass der Heilige Geist, den der Vater in seinem Namen senden wird, sie in allem unterrichten und ihnen wieder alles in Erinnerung rufen wird, was Jesus selbst ihnen gesagt hat. Auch das gehört mit zu den Rollen und Funktionen des Heiligen Geistes im Leben eines Gläubigen und ist Teil seines Dienstes an uns.

Wir müssen wissen, wie wir uns regelmäßig vom Heiligen Geist dienen lassen können, sonst können wir in dieser Welt nicht in Frieden leben. Warum? Weil wir dann versuchen, durch Werke und nicht durch Gnade zu leben. Paulus hat uns gelehrt, dass Gnade und Werke nichts miteinander zu tun haben. Wenn wir in Frieden leben wollen, müssen wir unsere Werke beiseite tun und uns vollkommen auf Gottes Gnade verlassen. Wir müssen seinem Heiligen Geist als unserem Ratgeber vertrauen, der uns in alle Wahrheit hineinführen und uns alles in Erinnerung rufen wird. Er gibt uns ein geheiligtes Erinnerungsvermögen.

Können Sie sich vorstellen, wie viel Frieden wir erleben werden, wenn wir aufhören, uns immer schon im voraus darüber Gedanken zu machen, was wir in bestimmten Situationen, denen wir im Leben gegenüber stehen, sagen oder tun sollen?

Wenn Sie so sind wie ich, dann versuchen Sie sich auf jede vorstellbare Situation, die Ihnen in Zukunft begegnen könnte, vorzubereiten und das reibt Sie auf. Sie versuchen, jedes Wort zu planen und zu proben, was Sie in einem Interview oder in einem Gespräch sagen werden.

Jesus sagt uns hier, dass wir das nicht tun brauchen. Er weist uns an, dies alles dem Heiligen Geist zu überlassen, der uns führen und leiten wird. Wenn wir eine schwere Entscheidung zu treffen haben, komplizierte Probleme lösen müssen oder uns mit schwierigen Menschen auseinanderzusetzen haben, wird er einen günstigen Zeitpunkt und auch die beste Vorgehensweise dafür festlegen. Er wird uns die richtigen Worte geben (Matthäus 10,19-20). Doch bis dahin brauchen wir uns nicht schon damit zu belasten.

Wenn wir genau zuhören, was der Herr uns in diesem Bibelabschnitt sagt, werden wir nicht nur mehr Frieden, sondern auch größeren Erfolg haben. Denn wenn wir reden müssen, wird aus unserem Mund geistliche Weisheit von Gott kommen und nicht etwas, was unseren eigenen, irdischen Gedanken entspringt.

Doch um diesen Frieden zu genießen und so zuversichtlich zu sein, müssen wir lernen, dem Heiligen Geist zu vertrauen. Wenn wir Gemeinschaft mit dem Heiligen Geist haben, lernen wir ihn immer besser kennen und so wird unser Vertrauen zu ihm wachsen.

Gemeinschaft mit dem Heiligen Geist

Aber ich sage euch die Wahrheit: Es ist gut (lohnend, nützlich, vorteilhaft) für euch, dass ich weggehe. Denn wenn ich nicht weggehe, kommt der Tröster (Ratgeber, Helfer, Berater, Fürbitter, Kraftgeber, Beistand) nicht zu euch [in eine enge Beziehung zu euch]. Wenn ich aber gehe, will ich ihn zu euch senden [damit er eine enge Beziehung zu euch hat].

Johannes 16,7 (Luther mit eigener Übersetzung)

In diesem letzten Vers, den wir uns zu dem Thema »Der Dienst des Heiligen Geistes« anschauen, sagt Jesus, dass der Heilige Geist uns gegeben ist, damit wir eine enge Beziehung zu ihm haben können und er mit uns.

Bevor wir dieses Thema abschließen, möchte ich Sie auffordern, zwei Dinge zu tun. Zuerst möchte ich Sie ermutigen, den Bibelabschnitt Johannes 16,7-11, in dem der Dienst des Heiligen Geistes deutlich beschrieben ist, einmal genau zu studieren und sich selbst dabei zu fragen: »Gestatte ich dem Heiligen Geist, mein persönlicher Tröster, Ratgeber, Helfer, Berater, Fürbitter, Kraftgeber und Beistand zu sein? Oder versuche ich, diese Dinge selbst zu bewerkstelligen? Verlasse ich mich auf die Gnade Gottes oder auf meine eigenen Bemühungen?«

Als zweites möchte ich Sie ermutigen, eine enge Beziehung zum Heiligen Geist zu pflegen. Wenn Sie morgens aufwachen, sagen Sie: »Guten Morgen, Heiliger Geist. Ich zähle auf dich, dass du mich durch diesen Tag bringst. Du kennst meine Nöte und meine Schwachheiten. Führe und leite mich in alle Wahrheit hinein. Stärke mich bei allem, was ich tue. Hilf mir, Versuchungen aus dem Weg zu gehen und ihnen zu widerstehen und jede Schwierigkeit, der ich begegne, zu meistern. Lass mich die richtigen Worte sagen und zeige mir den Weg, den ich heute gehen soll, zur Ehre Gottes des Vaters. Amen.«

Dann beten Sie zum Herrn: »Vater, ich bitte dich, lass mich heute den Heiligen Geist in all seiner Kraft und in seiner ganzen Fülle erleben. Was ich auch brauche, ich bitte dich, es mir durch die Kraft des Heiligen Geistes, der in mir lebt, zu geben. In Jesu Namen bete ich. Amen.«

Gottes Wirken den Weg bereiten

Dem aber, der über alles hinaus zu tun vermag, über die Maßen mehr, als wir erbitten oder erdenken [unendlich mehr, als wofür wir beten, was wir uns wünschen, was wir denken, hoffen und uns erträumen], gemäß der Kraft, die in uns wirkt, ihm sei die Herrlichkeit in der Gemeinde und in Christus Jesus auf alle Geschlechter hin von Ewigkeit zu Ewigkeit! Amen.

Epheser 3,20-21 (Elberfelder mit eigener Übersetzung)

In dieser Schriftstelle wird alles zusammengefasst, was ich Ihnen in meinem Buch präsentiere:

Auch wenn es unsere Aufgabe ist, zu bitten, so ist es doch Gottes Kraft, die bewirkt, worum wir ihn gebeten haben.

Gott kann viel mehr tun, als das, worum wir ihn unseres Wissens nach überhaupt bitten würden. Das ist auch ein weiterer Grund dafür, warum er uns seinen Heiligen Geist, der bei uns ist, in uns lebt und uns dient, gibt: damit wir wissen, worum wir bitten sollen.

Ich ermutige Sie, den Kanal für Gott zu öffnen, damit er in Ihrem Leben in seiner Größe und Macht wirken kann und Sie ihn um viel mehr bitten. Bitten Sie ihn einfach, immer wieder und wieder. Bitten Sie ihn, damit Sie empfangen und Ihre Freude vollkommen sei (Johannes 16,24).

… so bitte er Gott

Haltet es für lauter Freude, meine Brüder, wenn ihr in mancherlei Versuchungen geratet, indem ihr erkennt, dass die Bewährung eures Glaubens Ausharren bewirkt.

Das Ausharren aber soll ein vollkommenes Werk haben, damit ihr vollkommen und vollendet seid und in nichts Mangel habt.

Wenn aber jemand von euch Weisheit mangelt, so bitte er Gott, der allen willig gibt und keine Vorwürfe macht, und sie wird ihm gegeben werden.

Er bitte aber im Glauben, ohne irgend zu zweifeln; denn der Zweifler gleicht einer Meereswoge, die vom Wind bewegt und hin und her getrieben wird.

Denn jener Mensch denke nicht, dass er etwas von dem Herrn empfangen werde ...

Jakobus 1,2-7 (Elberfelder)

In diesem Abschnitt sagt Jakobus uns, wie wir auf die unterschiedlichen Prüfungen und Versuchungen, denen wir in unserem Leben ausgesetzt sind, reagieren sollen. Er sagt, dass genau diese Dinge Ausharren, Standhaftigkeit und Geduld in uns bewirken. Er sagt, dass wir diese Dinge gründlich ihr Werk in uns tun lassen sollen, damit wir dadurch stärker und besser als vorher hindurch gehen können.

Dann erklärt er uns, was wir tun sollen, wenn es uns an Weisheit mangelt und wir nicht wissen, was wir inmitten von Prüfungen und Versuchungen tun sollen. Was sollen wir laut Jakobus tun? Die ganze Nacht aufbleiben und uns Sorgen machen? Zu Freunden und Nachbarn laufen und sie um ihren Rat bitten?

Nein! Jakobus sagt: »... so bitte er Gott«.

Das ist der erste wichtige Punkt. Wir sollen uns keine Sorgen machen oder zu anderen laufen, sondern bitten.

Der zweite Punkt ist genau so wichtig: Wen sollen wir bitten? Wir bitten »Gott, der allen willig gibt.« Es gehört zu seinem Wesen, zu geben. Er gibt, ohne einen Fehler an uns zu finden. Dies ist eine extrem gute Nachricht, wie ich finde.

Und der dritte Punkt ist genau so wichtig: Wie sollen wir bitten? »Im Glauben«. Warum sollen wir den gebenden Gott im Glauben bitten? **Ohne Glauben aber ist es unmöglich, ihm wohlzugefallen; denn wer Gott naht, muss glauben, dass er**

ist und denen, die ihn suchen, ein Belohner sein wird (Hebräer 11,6; Elberfelder).

Der vierte Punkt ist, ihn im Glauben zu bitten, ohne zu zweifeln. Wir sollten uns entscheiden, was wir glauben und nicht hin- und hergerissen sein.

Jakobus sagt uns, dass Gott ein gebender Gott ist, der jedem frei und willig gibt, ohne auf Mängel oder Fehler zu achten. Wenn wir also zu ihm kommen und ihn um Hilfe bitten, dann hält er seine Hilfe nicht zurück, nur weil wir einen Fehler begangen haben. Der Grund, warum wir nichts empfangen, ist nicht, weil wir es nicht verdient hätten, sondern weil wir ihn nicht im Glauben bitten. Wir haben entweder unsere Zuversicht verloren oder zweifeln.

Wie ist Gott also laut Jakobus?

»Ein gebender Gott.«

Wie gibt er?

»Willig.«

Wem gibt er?

»Jedem.«

Und welche Haltung hat er, wenn er gibt?

»Er macht keine Vorwürfe.«

In Jakobus 1,5 (Elberfelder) lesen wir: **Wenn aber jemand von euch Weisheit mangelt, so bitte er Gott, der allen willig gibt und keine Vorwürfe macht, und sie wird ihm gegeben werden.** »Vorwürfe machen« bedeutet laut Websters Wörterbuch »scharf kritisieren und schelten«. Wir könnten also diesen Vers umwandeln und sagen: »Wenn es Ihnen an Weisheit mangelt, so bitten Sie Gott, der alles willig gibt und niemanden für Fehler scharf kritisiert oder schilt, denn er will Ihnen helfen, auch wenn Sie nicht alles genau richtig gemacht haben.«

Wie bereits gesagt, wollen die meisten Menschen erst dann Gottes Hilfe in Anspruch nehmen, wenn sie es sich ihrer Meinung nach verdient haben. Ich weiß, dass dies so ist, denn ich war einige Zeit meines Lebens genau so. Jahrelang habe ich Gottes Hilfe erst dann erbeten, wenn ich sie mir meiner Meinung nach verdient hatte, wenn ich dachte, genug gute Taten getan zu haben, um seiner Hilfe würdig zu sein. Diese Denkweise zieht keine Grundeinstellung der Dankbarkeit nach sich. Denn wenn wir glauben, wir empfangen, weil wir es uns verdient haben, ist es ja keine Gabe mehr, sondern eine »Bezahlung für geleistete Dienstleistungen«. Es gibt einen Unterschied, ob wir etwas empfangen, was wir nicht verdient haben oder etwas empfangen, weil wir es uns verdient haben. Es ist der Unterschied zwischen Gnade und Werken.

Deshalb wird Gott es auch nie zulassen, dass wir in diesem Leben nahezu perfekt werden. Wenn das nämlich passieren würde, wären wir nicht mehr von ihm abhängig. Es gäbe keine Verwendung mehr für seine Gnade und seine Güte.

Das bedeutet aber nicht, dass wir uns nicht mehr um Perfektion bemühen sollten. Es heißt einfach nur, dass wir nie wirklich perfekt sein werden bis er wieder kommt und uns zu sich nach Hause holt. Sie und ich, wir werden Gott und seine Gnade immer in unserem Leben brauchen und deshalb werden wir ihm immer danken und ihn preisen.

Dankbarkeit ist der Vorläufer zu einem kraftvollen Leben

Durch ihn nun lasst uns Gott stets ein Opfer des Lobes darbringen! Das ist: Frucht der Lippen, die seinen Namen bekennen.

Hebräer 13,15 (Elberfelder)

Dankbarkeit und Lobpreis sind Vorläufer zu einem kraftvollen Leben. Lobpreis ist »eine Geschichte« oder »eine Erzählung«, die davon berichtet, was im Leben eines Menschen geschehen ist. Es ist eine »authentische Erzählung von Lebensereignissen, die Gott alle Ehre geben« (laut W. E. Vine, Vine's Expository Dictionary of Old and New Testament Words, Old Tappan: Fleming H. Revell, Company 1981).

Anders gesagt: Wenn wir nicht aufhören, Gott zu bitten, wenn wir nicht aufhören, seine Gnade und Kraft anzunehmen, werden wir erstaunt sein, immer eine Geschichte erzählen zu können, welche wunderbaren Dinge er für uns tut - Dinge, die wir nicht verdienen. Unser Mund wird überfließen vor Lobpreis und der guten Dinge gedenken, die der Herr in unserem Leben Tag für Tag tut.

Wir werden, so wie es in Hebräer 13,15 steht, Gott stets und zu jeder Zeit ein Opfer des Lobes darbringen, die Frucht unserer Lippen, die dankbar seinen Namen bekennen, anerkennen und ehren.

Ihm allein sei Ehre und Preis und Herrlichkeit, jetzt und in alle Ewigkeit!

Kapitel 6

Ein heiliges Leben durch Gnade leben

Aber durch Gottes Gnade bin ich, was ich bin; und seine Gnade mir gegenüber ist nicht vergeblich gewesen, sondern ich habe viel mehr gearbeitet als sie alle; nicht aber ich, sondern die Gnade Gottes, die mit mir ist.

1. Korinther 15,10 (Elberfelder)

In Galater 2,21 (Elberfelder) sagt Paulus: **Ich mache die Gnade Gottes nicht ungültig** ... Damit meint er, dass er nicht versucht, das Geschenk der Gnade Gottes durch seine eigenen Werke zu ersetzen.

Hier in diesen Versen sagt Paulus, er ist das, was er ist nicht durch seine eigenen Bemühungen, sondern durch die Gnade Gottes und er fügt noch hinzu, dass ihm die Gnade nicht vergeblich gegeben wurde.

Das Wort *vergeblich* bedeutet so viel wie »sinnlos« oder »zwecklos«. Gott gießt seine Gnade nicht grundlos über uns aus, ohne etwas damit bewirken zu wollen. Gottes Gnade ist nicht auf uns, damit wir sie nur genießen können, sondern damit wir befähigt werden, etwas damit zu tun.

Wir haben Gnade als unverdiente Gunst definiert. Das ist ein Aspekt der Gnade, den wir wahrscheinlich schon am häufigsten gehört haben und er ist einfach wunderbar. Doch wir haben auch gesehen, dass Gnade viel mehr ist als das. Gnade ist Kraft - die Kraft des Heiligen Geistes, die in unser Leben kommt, damit wir unsere bösen Neigungen überwinden können. Wenn das wahr ist, dann müssten diejenigen von uns, die »den Überfluss der Gnade (Römer 5,17; Elberfelder) empfangen haben, fähig sein, ein heiliges Leben zu leben.

Seid heilig!

Als Kinder des Gehorsams passt euch nicht den Begierden an, die früher in eurer Unwissenheit herrschten, sondern wie der, welcher euch berufen hat, heilig ist, seid auch ihr im ganzen Wandel heilig! Denn es steht geschrieben: »Seid heilig, denn ich bin heilig.«
1. Petrus 1,14-16 (Elberfelder)

Wir sehen in diesen Versen, dass Gott von seinen Kindern erwartet, heilig zu sein, wie auch er heilig ist. Das Wort *heilig* ist zwar nur ein kleines Wort, doch es ist von großer Wichtigkeit. Obwohl es so klein ist, beinhaltet es viel.

Was bedeutet es, heilig zu sein? Was ist Heiligkeit? Im Grunde bedeutet *Heiligkeit* eine »Absonderung zu Gott hin«, eine Absonderung, die zu einem »Lebensstil, der dieser Berufung würdig ist«, führt (laut Definition W.E. Vine, Vine's Expository Dictionary of Old and New Testament Words, Old Tappan: Fleming H. Revell Company, 1981, Seite 225).

Im Wort Gottes werden diejenigen von uns, die an Jesus Christus als ihren Herrn und Retter glauben, *Heilige* genannt. Damit werden also die beschrieben, die heilig sind. Als Heilige sollen wir den einen Heiligen widerspiegeln, der uns aus der Welt abgesondert und nach seinem Ratschluss berufen hat (Römer 8,28).

Unser heiliger Helfer

Dieser Name des Heiligen Geistes hat einen tieferen Grund. Oft sind wir schon so daran gewöhnt, diesen Namen zu hören, dass wir vergessen, was er wirklich bedeutet. Er wird als heilig bezeichnet, weil er heilig ist und er ist dazu da, in uns zu wohnen, um auch uns heilig zu machen.

Doch während Gott möchte und auch von uns verlangt, heilig zu sein, ist er sich doch ebenso unserer Schwachheiten und Unfähigkeiten bewusst. Er weiß, dass wir ohne Hilfe niemals so werden können, wie er uns haben möchte und auch nicht das tun können, was er von uns möchte. Deshalb hat er uns seinen Geist gesandt (den Tröster, Ratgeber, Helfer, Fürbitter, Berater, Kraftgeber und Beistand), damit wir so werden, wie sein Ratschluss es für uns vorgesehen hat.

Ich habe gesagt, dass Jesus gegangen ist, um einen Platz für uns vorzubereiten und dass der Heilige Geist gesandt wurde, um uns auf diesen Platz vorzubereiten. Dafür gibt es keine Bibelstelle, aber es ist biblisch. Das bedeutet, es basiert auf der Wahrheit des Wortes Gottes. Der Prozess, durch den der Heilige Geist uns führt, damit wir heilig werden, heißt Heiligung.

Heiligung

Das Wort *Heiligung* kann man im Neuen Testament wiederfinden. Es bezeichnet den Prozess, durch den Gott sein Werk in uns tut, indem der in uns wohnende Heilige Geist uns immer mehr heiligt, bis wir am Ende so wie sein Sohn Jesus sind.

Solange wir uns in unserem irdischen Körper befinden, wird dieser Prozess niemals beendet sein. Doch darüber müssen wir uns keine Sorgen machen. Wir sollten uns nur über unseren persönlichen Fortschritt Gedanken machen. Wir müssen uns die Frage stellen: Machen wir Fortschritte hin zur Heiligkeit, arbeiten wir mit dem Heiligen Geist zusammen und lassen ihn das tun, was er in unserem Leben tun will?

Wir als Gläubige müssen nicht besorgt sein, wenn es um unsere Heiligkeit oder den Prozess der Heiligung geht, dennoch sollten wir dieses Thema sehr ernst nehmen. Uns muss bewusst sein, dass dies der Wille Gottes für uns ist. Wir müssen uns von ganzem Herzen danach ausstrecken. Wir sollten uns mit aller

Kraft bemühen, mit dem Heiligen Geist zusammenzuarbeiten, der in uns wirkt, um ihn Tag für Tag mehr in uns sichtbar werden zu lassen.

Aber auch wenn wir uns über unsere Heiligkeit keine *Sorgen* machen sollen, dürfen wir nicht leichtfertig mit Sünde umgehen.

Gnade ist keine Erlaubnis zum Sündigen

Das Gesetz aber kam daneben hinzu, damit die Übertretung zunehme. Wo aber die Sünde zugenommen hat, ist die Gnade überreich geworden ...

Was nun, sollen wir sündigen, weil wir nicht unter Gesetz, sondern unter Gnade sind? Das sei ferne!

Wisst ihr nicht, dass, wem ihr euch zur Verfügung stellt als Sklaven zum Gehorsam, ihr dessen Sklaven seid, dem ihr gehorcht? Entweder Sklaven der Sünde zum Tod oder Sklaven des Gehorsams zur Gerechtigkeit?

Römer 5,20; 6,15-16 (Elberfelder)

Wenn wir über Gnade reden, dann dürfen wir uns keine Decke vorstellen, die alles überdeckt und uns damit die Erlaubnis zum Sündigen gibt.

Die ersten Christen waren etwas durcheinander, als Paulus anfing, die Menschen seiner Zeit über Gesetz und Gnade zu unterrichten. Er lehrte sie, wie das Gesetz Sünde bewirkt und sagte ihnen, wo Sünde zunimmt, da nimmt die Gnade noch mehr zu. Sie fingen an zu diskutieren: »Nun, je mehr wir dann sündigen, um so größer wird die Gnade und wenn Gott so ein Vergnügen daran hat, uns seine Gnade zu geben, dann sollten wir so viel wie möglich sündigen, denn um so mehr Gnade empfangen wir dann!« (Römer 6,15).

Deshalb musste ihnen Paulus schreiben und klar machen: »Gott bewahre! Wisst ihr nicht, dass ihr Sklaven der Sünde werdet, wenn ihr sündigt? Wie könnt ihr weiter sündigen, wenn ihr euch der Sünde für tot erklärt habt?« (Römer 6,16).

Unser Problem heute liegt darin, nicht nur die Sünde falsch zu verstehen, sondern auch die Gnade, genau wie die Gläubigen zur Zeit von Paulus. Wenn der Heilige Geist uns zeigt, was wir tun können, um uns von der Sünde fernzuhalten und in Heiligkeit zu leben, versuchen wir das sofort, ohne seine Hilfe umzusetzen. Wir kämpfen und strengen uns an und sind am Ende unglücklich, frustriert und durcheinander, weil wir nicht verstehen, warum wir es nicht schaffen.

Genau deshalb predige und lehre ich diese Botschaft der Gnade, damit wir richtig verstehen, was Gnade ist, warum sie uns gegeben wurde und was sie in uns bewirken soll - nämlich *uns fähig zu machen, ein heiliges Leben zu leben.* Erst wenn wir das wirklich verstanden haben, haben wir unsere Lektion, was Gnade ist, gelernt und nur das bleibt unterm Strich übrig.

Gnade zum Leben und Gnade zum Erheben

Wenn ich meinen Teil dazu beigetragen habe, Ihnen zu vermitteln, wie Sie die Gnade Gottes annehmen können, dann werden wir beide das Ergebnis in unserem Leben sehen können. Das Ergebnis ist nämlich, dass wir immer heiliger werden.

Gnade ist nicht bloß eine Entschuldigung dafür, warum wir bleiben können, wie wir sind und immer behaupten, wir müssten nichts an uns oder unserem Leben ändern, weil wir nicht mehr unter dem Gesetz, sondern unter der Gnade leben. Genau diesen Fehler haben auch die ersten Christen gemacht. Deshalb musste Paulus sie zurechtweisen und ihr Denken korrigieren.

Es stimmt, Gottes Gnade wird uns vor der Verdammnis schützen, auch wenn wir sündigen. Durch Gottes Gnade bleibt unser Name im Lebensbuch des Lammes stehen, auch wenn wir nicht vollkommen sind. Gottes Gnade errettet uns, macht uns vor ihm gerecht, garantiert uns seine Segnungen und eine himmlische Heimat, trägt uns durch dieses Leben, gibt unserer Seele und unserem Herzen Ruhe und viele wunderbare Dinge mehr. Doch Gottes Gnade bewirkt noch viel mehr als das, sie lehrt uns so zu leben, wie Gott sich das für uns vorgestellt hat - in Heiligkeit.

Gottes Gnade wurde uns gegeben, um uns mehr als die Kraft zum Leben zu geben. Sie ist dazu da, uns aus der Sünde herauszuholen.

Es ist immer gefährlich, nur eine Seite eines Themas zu betrachten, denn das führt zu einer unausgeglichenen Betrachtungsweise. Genau deshalb predigen manche Pastoren nicht über Gnade, weil sie Angst davor haben, dass die Menschen sie als Entschuldigung für Sünden nutzen, um so bleiben zu können, wie sie sind und ein liederliches und undiszipliniertes Leben zu führen.

Doch ich sehe Gnade ein wenig anders. Wenn niemand über Gnade predigt oder lehrt, dann werden die Gläubigen auch nicht die Kraft empfangen, die sie brauchen, um aus ihren Sünden herauszukommen und ihre Probleme zu überwinden. Ich glaube, die meisten Christen suchen nicht nach einer Ausrede, um sündigen zu können, sondern nach der Kraft, ein heiliges Leben zu leben. Wenn ihnen der Weg dahin gezeigt werden kann, dann werden sie mit ganzem Herzen daran mitarbeiten.

Deshalb liebe ich es, über den Dienst des Heiligen Geistes zu predigen und zu lehren, der uns gegeben worden ist, damit wir die wunderbare Gnade Gottes verstehen und in ihr leben lernen.

Der Heilige Geist: Er enthüllt die Wahrheit und befähigt den Gläubigen

Da ihr eure Seelen durch den Gehorsam (durch den Heiligen Geist) gegen die Wahrheit zur ungeheuchelten Bruderliebe gereinigt habt, so liebt einander anhaltend, aus reinem Herzen!

1. Petrus 1,22 (Elberfelder mit eigener Übersetzung)

Wie sollen wir laut diesem Vers der Wahrheit gehorchen?

Durch den Heiligen Geist.

Wie gehorchen wir der Wahrheit, die uns der Heilige Geist, der Geist der Wahrheit, gezeigt hat?

Durch seine Kraft.

Wie bereits gesagt, gehört es zur Aufgabe des Heiligen Geistes, uns die Wahrheit zu enthüllen: **Wenn aber jener, der Geist der Wahrheit, gekommen ist, wird er euch in die ganze Wahrheit leiten** (Johannes 16,13; Elberfelder).

Der Heilige Geist offenbart uns das Wort Gottes, überführt uns von dem, was wir falsch machen und zeigt uns, wie wir es richtig machen sollen. Das ist Teil des Heiligungsprozesses. Und wenn er einmal angefangen hat, uns zu zeigen, womit wir aufhören und womit wir anfangen sollen, müssen wir ihm das alles wieder in seine Hände legen und uns dann auf ihn verlassen, dass er uns die Kraft geben wird, es zu vollbringen.

Wenn ich nichts von der Kraft des Heiligen Geistes wüsste, der mir hilft, das zu tun, was er mir zu tun offenbart hat und das andere zu lassen, würde ich besiegt werden. Wenn ich mir das Gebot ansehe, das wir in 1. Petrus 1,14-16 lesen, nämlich uns nicht den bösen Begierden anzupassen, die uns früher beherrschten, als wir noch fern und unwissend waren und nichts von den Anforderungen des Evangeliums wussten, und heilig zu sein, weil Gott heilig ist, dann werde ich mir meiner Unfähigkeit bewusst, all dieses ohne Hilfe zu bewerkstelligen.

Wenn wir nur über Heiligkeit predigen und den Aspekt der Bevollmächtigung heraus lassen, entsteht Druck. Denn dann gehen die Menschen hinaus und versuchen, ein heiliges Leben zu führen, ohne zu wissen, wie sie das schaffen können, was sie schaffen sollen.

Wenn wir wissen, was Gottes Aufgabe und was unsere Aufgabe ist, dann ist das der Schlüssel für den Heiligungsprozess. Diese Erkenntnis wird uns durch den in uns lebenden Heiligen Geist, den Geist der Wahrheit, offenbart, wenn wir bereit sind, zuzuhören und zu lernen.

Heiligkeit erfordert ein ausgewogenes Gleichgewicht zwischen Ruhe und Aktivität

Ich ermahne euch nun, Brüder, durch die Erbarmungen Gottes, eure Leiber darzustellen als ein lebendiges, heiliges, Gott wohlgefälliges Opfer, was euer vernünftiger Gottesdienst ist.

Römer 12,1 (Elberfelder)

Wissen Sie, was Paulus uns in diesem Vers sagen will? Er sagt, dass wir Gott alles von uns zur Verfügung stellen sollen - nicht nur unseren Besitz, unser Geld, unsere Zeit, Energie und unsere Anstrengungen - sondern auch unsere Körper, unsere Köpfe, unsere Hände und unsere Zungen - auch unseren Verstand, unsere Emotionen und unsere Grundeinstellungen.

Wenn wir wirklich das Extrem erreichen wollen, nämlich heilig zu sein, dann sollte selbst unser ganzer Gesichtsausdruck Gott gefallen. Das heißt, wenn wir gerufen werden, etwas für ihn zu tun, was wir nicht unbedingt machen wollen, dann sollen wir uns nicht beschweren und auch kein komisches Gesicht ziehen. Wenn wir wollen, dass das Licht des Angesichtes Gottes auf uns strahlt, dann muss unser Angesicht seine Herrlichkeit und Ehre widerspiegeln.

Wir müssen ihm *alle* unsere Gliedmaßen und Fähigkeiten als lebendiges Opfer bringen, heilig, hingegeben, geheiligt und Gott wohlgefällig und das ist unser angemessener, vernünftiger Gottesdienst und unser geistlicher Lobpreis.

Wir haben oft den Eindruck, dass wir Gott mit unserem Körper und Geist dienen und anbeten sollen, doch Paulus sagt hier, dass wir ihm auch mit unserem Sinn dienen und ihn anbeten sollen. Wir sollen Gott nicht nur körperlich und emotional hingegeben sein, sondern auch mit unserem Verstand und unserem Denken.

Und dies gehört zu der Ausgeglichenheit, die wir erhalten, wenn wir jeden Teil unseres Körpers, unseren Kopf wie auch unser Herz in Gottes Dienst stellen.

Die Gnade Gottes fällt nicht einfach auf uns, wir müssen uns für sie entscheiden. Wir müssen eine rationale und bewusste Entscheidung treffen, heilig werden zu wollen. Es ist dann Gottes Aufgabe, uns seine Gnade und seinen Geist zu geben. Und unsere Aufgabe ist es, ihm unseren Verstand und unseren Willen zur Verfügung zu stellen.

Probleme treten dann auf, wenn wir entweder zu aktiv oder zu passiv sind. Es gibt ein empfindliches Gleichgewicht zwischen Ruhe und Aktivität und das sollten wir beachten. Genau so gibt es einen feinen Unterschied dazwischen, unsere Sorgen auf den Herrn zu werfen oder ihm einfach unsere Verantwortung aufzuladen. Und es gibt einen großen Unterschied dazwischen, im Herrn zu ruhen oder Desinteresse an den Dingen Gottes zu haben, und das sollten wir unterscheiden können.

Bei fast jeder biblischen Lehre besteht die Gefahr, zu einseitig zu werden und das verwirrt dann die Menschen. Sie erleben Misserfolge oder werden frustriert. Manche Menschen sind wie Pendel. Erst pendeln sie zur einen Seite hin. Wenn sie dann sehen, dass sie zu einseitig sind, pendeln sie ganz auf die andere Seite und das ist genau so schlecht. Es scheint so, als ob sie keinen Mittelweg zwischen beiden Extremen finden können. Wenn der Geist ihnen zeigt, dass sie immer versuchen, alles selbst zu tun und sich nicht auf ihn verlassen, reagieren sie übermäßig. Sie verändern ihre totale Unabhängigkeit in eine totale Abhängigkeit. Sie hören auf, irgendetwas alleine zu tun und glauben, dass Gott alles für sie tun wird, ohne sich selbst irgendwie anstrengen zu müssen. Da, wo sie früher der Meinung waren: »Ich muss alles alleine machen«, haben sie jetzt die Grundeinstellung: »Wenn Gott will, dass etwas getan wird, wird er sich darum kümmern.« Gott möchte unsere Sorgen auf sich nehmen, aber nicht unsere Verantwortung.

»Ich werfe meine Sorgen auf Gott«, ist ein gutes Zeugnis, wenn dahinter der Glaube und das Gebet stehen. Dafür sind wir allerdings verantwortlich und nicht Gott.

Wenn Sie und ich ausgewogen bleiben wollen, müssen wir in enger Gemeinschaft mit dem Geist der Wahrheit bleiben. Wahre Heiligkeit erfordert ein Zusammenspiel zwischen uns und dem

Heiligen Geist. Wir müssen wissen, was sein und was unser Anteil daran ist und da muss es eine feinfühlige Ausgewogenheit geben. Viele Gläubige behalten ihre Sorgen und geben ihre Verantwortung ab. Das ist nicht richtig! Gib deine Sorgen ab und komm in Gottes Ruhe, doch sei immer bereit, deine Verantwortung in der Kraft des Geistes der Gnade zu erfüllen.

Das Wesen der Heiligkeit

So spricht der HERR der Heerscharen: Bitte doch die Priester um Weisung über folgendes:

Wenn jemand heiliges Fleisch [weil es als Opfer Gott dargebracht wurde] im Zipfel seines Kleides trägt und mit seinem Zipfel Brot oder Gekochtes oder Wein oder Öl oder irgendeine Speise berührt, wird das dadurch heilig [nur Gott und seinem Dienst geweiht]? Und die Priester antworteten und sprachen: Nein. [Heiligkeit ist nicht ansteckend.]

Darauf sagte Haggai: Wenn jemand, der sich an einer Leiche verunreinigt hat, dies alles berührt, wird es dadurch unrein? Und die Priester antworteten und sprachen: Es wird unrein. [Unheiligkeit ist ansteckend.]

Haggai 2,11-13 (Elberfelder mit eigener Übersetzung)

Wir haben *Heiligkeit* als »Absonderung zu Gott hin« definiert, eine Absonderung, die zu einem »Lebensstil, der dieser Berufung würdig ist«, führt (laut Definition W. E. Vine, Vine's Expository Dictionary of Old and New Testament Words). Im Neuen Testament wird das griechische Wort, das mit *Heiligkeit* übersetzt wurde, auch mit *Heiligung* übersetzt und das kann laut griechischem Wörterbuch »weder übertragen noch jemandem angerechnet werden«. Das bedeutet also, Heiligkeit ist etwas, was jeder persönlich besitzt, etwas, das ganz langsam aufgebaut wird. Es kann nicht von jemand anderem gegeben oder genommen werden.

Anders ausgedrückt, Sie und ich können nicht heilig werden,

indem wir für uns beten lassen oder jemand uns die Hände auflegt oder indem wir mit jemandem Zeit verbringen, der heilig ist.

Wir sehen hier in diesem Bibelabschnitt aus dem alten Testament vom Propheten Haggai, Unheiligkeit ist ansteckend, Heiligkeit aber nicht. Das bedeutet, wenn wir mit jemandem zusammen sind, der ein sündiges Leben führt, kann diese Sündhaftigkeit auf uns abfärben. Wir können uns an ihr wie an einer Krankheit anstecken. Doch Heiligkeit ist nicht so. Man kann sich nicht an ihr anstecken, wenn man mit ihr Kontakt hat oder ihr ausgesetzt ist. Man muss sich für sie entscheiden.

Heiligkeit ist individuell

Den Schwachen im Glauben aber nehmt auf, doch nicht zur Entscheidung zweifelhafter Fragen!

Einer glaubt, er dürfe alles essen; der Schwache aber isst Gemüse.

Wer isst, verachte den nicht, der nicht isst; und wer nicht isst, richte den nicht, der isst! Denn Gott hat ihn aufgenommen.

Wer bist du, der du den Hausknecht eines anderen richtest? Er steht oder fällt dem eigenen Herrn. Er wird aber aufrecht gehalten werden, denn der Herr vermag ihn aufrecht zu halten.

Römer 14,1-4 (Elberfelder)

Manche Menschen schaffen es oft nicht, ein heiliges Leben zu leben, weil sie Sünde und Gnade missverstehen und versuchen, so zu leben, wie andere sich einen heiligen Lebensstil vorstellen.

Doch wir haben gelesen, Heiligkeit ist etwas Individuelles. Natürlich gibt es bestimmte Dinge, von denen wir wissen, dass sie für uns alle falsch sind. Wenn Sie noch nicht genau wissen, um welche Dinge es sich hier handelt, lesen Sie Ihre Bibel und Sie werden sie schnell herausfinden. Doch es gibt viele andere Dinge, die Gott mit jedem von uns persönlich und individuell regelt. Es gibt sogar Dinge, die er zu unterschiedlichen Zeiten unseres Lebens unterschiedlich bewertet.

Ein großer Fehler, den wir machen können, ist, zu versuchen, das zu tun, was andere tun oder uns auffordern zu tun, nur weil sie glauben, dass dies Gottes Wille für ihr Leben ist.

Auch ein anderer Fehler ist diesem sehr ähnlich. Wir versuchen, andere dahin zu bringen, das zu tun, was wir tun, nur weil Gott uns davon überzeugt hat, dass dies sein Wille für uns ist. Beides sind wirklich schlimme Fehler.

Ich muss gestehen, dass ich gerade in diesem Bereich sehr schwach bin - nicht so sehr, wenn es darum geht, von anderen beeinflusst zu werden, das zu tun, was sie selbst tun, sondern wenn ich andere versuche dahin zu bringen, das zu tun, was sie meiner Meinung nach tun sollten.

Wie bereits schon gesagt, habe ich viele frustrierende Jahre mit dem Versuch verbracht, mich selbst zu verändern. Schließlich lernte ich, Gottes Gnade (seine Kraft) anzunehmen, die mich verändert. Die gleiche Lektion musste ich auch in Bezug auf andere Menschen lernen. Ich versuchte, Dave und meine Kinder zu verändern. Meiner Meinung nach wusste ich, was biblisch richtig war und ich verbrachte viel Zeit damit, sie davon zu überzeugen, dass ihr Wesen, das was sie taten und ihre Entscheidungen dringend verändert werden mussten.

Doch meine »Werke des Fleisches« machten das Problem nur noch schlimmer. Meine persönliche Beziehung zu ihnen wurde brüchig, weil ich sie nicht akzeptierte, wie sie waren und sie fühlten sich abgelehnt und kritisiert. Nur Gott kann das Herz eines Menschen verändern. Wir können für andere Regeln und Gesetze machen, doch das treibt sie nur von uns weg. Aber wenn wir lernen, auf Gott zu warten, verändert er alle von uns. Dann geschehen die Veränderungen aufgrund eines »ich will« und nicht eines »ich muss«.

Als Bibellehrerin habe ich eine gewisse Gabe, Menschen zu überzeugen. Das ist die Gabe des Lehrens, die durch mich fließt. Ich habe eine Salbung von Gott, sein Wort zu nehmen und andere davon zu überzeugen, dass sie es aufnehmen und in ihrem Leben anwenden sollen. Doch in diesem Bereich muss ich äußerst vorsichtig sein. Ich muss mich vorsehen, nicht zu weit zu gehen und nicht meine eigenen, persönlichen Gedanken und Meinungen auf andere zu übertragen.

Als ich mit meinem Dienst anfing, war ich in dieser Hinsicht ganz schlimm. Ich versuchte, meine Überzeugungen jedem anderen aufzuzwingen. Immer dann, wenn ich bei einer Sache erfolgreich war, versuchte ich alles, damit all die anderen das gleiche Erfolgserlebnis hatten, indem ich sie unter Druck setzte, das Gleiche zu tun, was ich getan hatte. Ein kleiner Sieg in meinem Leben und schwupp - war ich da draußen und belehrte andere über ein siegreiches Leben!

Seien Sie vorsichtig. Seien Sie auf der Hut, damit andere Leute ihre Überzeugungen nicht Ihnen aufdrücken. Passen Sie aber auch auf, dass Sie Ihre Überzeugungen nicht anderen aufdrücken. Die Bibel sagt, dass wir durch das Drängen des Heiligen Geistes geleitet werden. Deshalb wurde der Heilige Geist auch jedem von uns persönlich gegeben.

Das Problem ist, dass viele Christen nicht damit zufrieden sind oder sein wollen, den Heiligen Geist zu hören und ihm zu folgen - und den anderen dann das gleiche Recht und Privileg zu gewähren. Sie glauben, jeder im Leib Christi muss das Gleiche, auf die gleiche Art, zur gleichen Zeit und aus dem gleichen Grund tun. Für sie ist jeder, der nicht in dieses Schema passt, auf dem falschen Dampfer und außerhalb des Willens Gottes. Mit solch einer Grundeinstellung gehen sie genau in die Falle, vor der Paulus uns warnt, nämlich den Hausknecht eines anderen zu richten.

Das Problem liegt darin, dass wir immerfort versuchen, die anderen auf den rechten Weg zu bringen anstatt vor unserer eigenen Tür zu kehren. Ich brauchte fast ein halbes Jahrhundert, um diese Wahrheit für mich zu entdecken: Wir müssen uns um unsere eigenen Angelegenheiten kümmern!

Heiligkeit ist ein persönliches Thema. Gott geht mit jedem von uns individuell um, auf seine Art und zu seiner Zeit. Wir alle stehen auf unterschiedlichen Heiligungsstufen und das ist ein Prozess, der durch den Heiligen Geist auf einzigartige Weise bei jedem einzelnen Gläubigen durchlaufen wird. Wir behindern unseren eigenen Fortschritt, wenn wir uns mehr für den Heiligungsprozess der anderen interessieren als für unseren eigenen. Wir müssen aufpassen, uns nicht zu sehr davon vereinnahmen zu lassen, was andere tun oder lassen, damit wir nicht die Stimme des Heiligen Geistes überhören, der sich ja mit uns über unser eigenes Leben auseinandersetzt. Wir müssen lernen, uns um unsere eigenen Angelegenheiten zu kümmern und das Kritisieren und Richten anderer Gott zu überlassen.

Richte nicht

Du aber, was richtest du deinen Bruder? Oder auch du, was verachtest du deinen Bruder? Denn wir werden alle vor den Richterstuhl Gottes gestellt werden.

Denn es steht geschrieben: »So wahr ich lebe, spricht der Herr, mir wird sich jedes Knie beugen, und jede Zunge wird Gott bekennen.«

Also wird nun jeder von uns für sich selbst Gott Rechenschaft geben.

Lasst uns nun nicht mehr einander richten, sondern haltet vielmehr das für recht, dem Bruder keinen Anstoß oder kein Ärgernis zu geben!

Römer 14,10-13 (Elberfelder)

Wenn ich vor dem Richterstuhl Gottes stehe, wird er mich nicht nach Ihnen fragen. Genau so wenig wird er Sie nach mir fragen, wenn Sie vor ihm erscheinen. Gott wird mich nur für mich selbst, Joyce Meyer, zur Rechenschaft ziehen und nicht für irgendjemand anderen auf der Welt.

Ich weiß nicht, wie viel Zeit mir noch bleibt, um gemeinsam mit Gott an meinen Fehlern zu arbeiten, doch ich möchte in der Lage sein, seine Fragen über mich zu beantworten. Wenn ich vor ihm stehe und er mich fragt: »Joyce, warum hast du nicht aufgepasst, als ich mich um deine Fehler kümmern wollte?«, dann möchte ich nicht mit der Antwort kommen: »Nun, Herr, ich hatte keine Zeit, weil ich zu beschäftigt damit war, meinen Mann Dave auf den rechten Weg zu bringen.«

In dieser Schriftstelle steht, dass jeder von uns vor Gott dem Vater für sich selbst Rechenschaft ablegen muss. Deshalb müssen wir lernen, an unserer eigenen Heiligung zu arbeiten und damit aufhören, unseren Brüdern und Schwestern in Christus Stolpersteine und Hindernisse in den Weg zu stellen. Wir werden niemals in irgendeiner Hinsicht mit allen einer Meinung sein. Deshalb werden wir aufgefordert, unseren eigenen Überzeugungen zu folgen - und anderen auch dasselbe Recht zuzugestehen..

Behalten Sie es für sich!

Bleibe bei deiner persönlichen Überzeugung, wenn du sie vor Gott vertreten kannst, aber versuche nicht, sie anderen aufzudrängen. Denn nur der hat Frieden, der mit seiner Überzeugung vor dem eigenen Gewissen bestehen kann.

Glaubt aber jemand, dass die Speisevorschriften richtig sind, und er verstößt dennoch gegen sie, so verurteilt ihn schon sein Gewissen, weil er gegen den Glauben handelt und damit Christus ungehorsam wird. Denn alles, was wir nicht im Glauben an Christus tun, ist Sünde.

Römer 14,22-23 (Hoffnung für alle)

Klarer kann es nicht mehr ausgedrückt werden:

Bleiben Sie bei Ihrer persönlichen Überzeugung (Ihren Ideen und Meinungen, die auf dem gegründet sind, was Gott Ihnen in einer bestimmten Situation gesagt hat) *und versuchen Sie nicht, sie anderen aufzudrängen.*

All zu oft sind wir anscheinend der Meinung: »Gott hat mir gesagt, ich soll kein Koffein trinken und jetzt muss die ganze Welt aufhören, Kaffee zu trinken! Der Herr sagte mir, ich soll keinen Zucker verwenden und deshalb liegt es jetzt an mir, jedem auf der Erde klar zu machen, dass er dem Willen Gottes nach keinen Zucker mehr zu sich nehmen soll!«

Genau so habe ich früher gedacht und gehandelt. Jedes Mal, wenn der Herr mir eine Einsicht schenkte, posaunte ich sie sofort in die Welt hinaus. Wenn ich bestimmte Vitamine zu mir nahm, mussten die anderen auch diese Vitamine nehmen. Denn ich dachte, wenn Gott mir den Auftrag gab, das zu tun, muss er es den anderen ja auch gesagt haben.

Genau das meine ich, wenn ich davon rede, einer anderen Person seine eigene Überzeugung aufzudrängen. Das ist *nicht* unsere Aufgabe.

Manchmal versuchen wir, uns herauszureden oder unsere Taten zu rechtfertigen, indem wir sagen: »Ich will ja bloß helfen.« Wir dürfen nicht vergessen, dass der Heilige Geist der Helfer ist und nicht wir.

Wann immer ich in meinem Leben und Dienst einen Impuls verspüre, jemandem zu helfen, halte ich inne und bete: »Herr, ist das dein Wunsch oder will ich hier nur ›mein eigenes Ding' machen?« Wenn ich dann eine Zeit warte, ordnen sich die Dinge in meinem Verstand und in meinem Herzen und ich weiß, ob das, was ich vorhabe, Gottes oder meine Idee ist.

Ich meine nicht, dass wir aufhören sollen, anderen etwas zu sagen oder dass wir unsere Hilfe jemandem in Not nicht mehr anbieten sollen. Es ist aber wichtig, dass wir alles aus der richtigen Motivation heraus tun. Machen wir etwas, weil wir Gott verherrlichen und andere aufrichten wollen, oder machen wir es, weil wir uns selbst erhöhen wollen und den anderen gerne so hätten, wie wir selbst sind? Versuchen wir wirklich, dem anderen zu helfen oder wollen wir nur herumkommandieren? Handeln wir aus der Gnade Gottes oder aus unserem menschlichen Stolz heraus?

Paulus sagt in Römer 12,3: **Denn ich sage durch die Gnade, die mir gegeben wurde, jedem, der unter euch ist, nicht höher von sich zu denken, als zu denken sich gebührt, ...**

Paulus warnt die Römer, oder man kann auch sagen, korrigiert sie, doch war er demütig genug zu wissen, dass er dies aus Gottes Gnade und nicht aus menschlichem Eifer heraus tun musste.

In Römer 14 Vers 23 lesen wir, dass eine Person, die etwas gegen ihr Gewissen tut (vielleicht wegen *uns*!), schuldig vor Gott ist. Warum? Weil sie nicht im Glauben gehandelt hat und sich nicht nach ihrer eigenen persönlichen Überzeugung verhält. Und das, was nicht aus dem Glauben heraus kommt, ist Sünde. Das bedeutet, wenn man in seinem eigenen Inneren nicht davon überzeugt ist, dass Gott etwas möchte, dann ist das sündig.

Um so mehr müssen wir beständig auf der Hut sein, unsere Überzeugungen nicht auf andere zu übertragen. Anstatt sie zum Glauben zu führen, erreichen wir dann womöglich das Gegenteil. Vielleicht verführen wir sie zur Sünde, weil sie versuchen, nach unseren Überzeugungen zu leben und nicht danach, was Gott ihnen selbst gesagt hat.

Heiligung ist ein Prozess

Nun aber schauen wir [im Wort Gottes] alle mit aufgedecktem Angesicht die Herrlichkeit des Herrn wie in einem Spiegel, und wir werden verklärt in sein Bild von einer Herrlichkeit zur andern von dem Herrn, der der Geist ist.

2. Korinther 3,18 (Luther mit eigener Übersetzung)

Der Apostel Paulus sagt hier, wenn wir in das Wort Gottes schauen, werden wir in des Herrn Bild verwandelt und gehen von Herrlichkeit zu Herrlichkeit. Das heißt, wir sind bisher noch nicht an dem Punkt der vollstandigen Heiligkeit angekommen. Wir sind zwar schon herrlicher als zu Beginn, und wir werden immer herrlicher, während wir uns Schritt für Schritt auf die Heiligkeit zu bewegen, doch es liegt immer noch ein Weg vor uns. Wir sind zwar schon in Christus heilig, wenn wir unseren Stand vor ihm betrachten. Doch erfahrungsgemäß wird diese Heiligkeit in uns durch Herrlichkeitsstufen verfestigt, die aufeinander aufbauen.

Das nennen wir den *Prozess* der Heiligung. Zu diesem Heiligungsprozess gehört die »Absonderung des Gläubigen von der Welt« (laut Definition W. E. Vine, Seite 318). Wir müssen diese Aussage immer einmal wieder neu durchdenken. Als Gläubige sind wir zwar in dieser Welt, aber nicht von dieser Welt.

Auch wenn wir »ernsthaft und unbeirrbar« nach Heiligkeit streben sollen, auch wenn wir uns ganz danach ausstrecken und entsprechend handeln sollen, so sind Heiligkeit »oder Heiligung keine Leistungen, es ist ein Zustand, in den Gott sündige Menschen durch seine Gnade hineinruft.« (laut Definition von Vine's Expository Dictionary, Seite 317, 318).

In 5. Mose 7,22 sagt Gott den Kindern Israels, dass er sie »nach und nach« von ihren Feinden befreien wird. Genau so geschieht auch unsere Befreiung von unseren Sünden nicht sofort und mühelos, sondern ist ein Prozess.

Am liebsten möchten wir von der Sündhaftigkeit sofort in die Heiligkeit übergehen. Doch Gott sagt, dass wir Schritt für Schritt vorangehen. Jeder Schritt hin zur Heiligkeit muss auf dem Pfad der Gnade gegangen werden und das ist die Kraft, die Gott uns für den nächsten Schritt schenkt. Wenn wir uns selbst bemühen und unabhängig von Gottes Gnade vorangehen, werden wir versagen, denn ohne Gnade werden wir entmutigt und fallen vom Glauben ab.

Es gibt nur einen Weg von der Sündhaftigkeit zur Heiligkeit und das ist die Straße der Gnade.

Heiligung als Same

Daher, meine Geliebten, wie ihr allezeit [meinem Rat] gehorsam gewesen seid, nicht nur wie in meiner Gegenwart [und der dann von euch gezeigten Begeisterung], sondern jetzt noch viel mehr in meiner Abwesenheit, bewirkt [pflegt, erzielt und erreicht vollständig] euer Heil mit Furcht und Zittern [seid euch selbst gegenüber argwöhnisch, mit ernsthafter Vorsicht, einem weichen Gewissen,

achtet auf Versuchungen, schreckt ängstlich zurück von allem, was Gott betrübt und den Namen des Herrn in Verruf bringt]!
Philipper 2,12 (Elberfelder mit eigener Übersetzung)

In der Elberfelder Bibel steht klar und deutlich: **... bewirkt euer Heil mit Furcht und Zittern.** Dieses wird durch die lange und etwas kompliziertere Ausführung der Amplified Bible (hier als Übersetzung in Klammern hinzugefügt) unterstrichen.

Jesus ist der Same, von dem in Galater 3,16 die Rede ist. Als er in unser Leben kam, wurde dieser Same uns von Gott dem Vater durch den Heiligen Geist gegeben und damit bekamen wir den Samen der Heiligkeit. Wenn Paulus uns nun anweist, unser Heil mit Furcht und Zittern zu bewirken, meint er, dass wir ganz mit Gott zusammenarbeiten sollen, indem wir diesen Samen der Heiligkeit, der in uns gesät wurde, kultivieren.

Der Same der Heiligkeit muss mit dem Wasser des Wortes Gottes bewässert werden (1. Korinther 3,6). Wir wissen alle, dass ein Same wächst, wenn er bewässert wird. Wenn wir also den Samen der Heiligkeit in uns mit dem Wasser des Wortes (Epheser 5,26) bewässern, fängt er an, in uns zu wachsen und seine Zweige in jeden Teil unseres Seins auszustrecken. Irgendwann erreicht er unseren Verstand und beeinflusst unsere Gedanken. Er erreicht unser Herz und beeinflusst das, was wir sagen, denn wovon das Herz voll ist, spricht der Mund (Matthäus 12,34). Er erreicht unseren Körper und beeinflusst unseren Gesichtsausdruck, das, was wir tun, auch unser Verhalten anderen gegenüber. Er wird zu einem üppigen Baum oder Weinstock und füllt jeden Teil unseres ganzen Seins aus. Am Ende wird für nichts anderes mehr Platz sein als nur für die Heiligkeit Gottes.

Das gehört auch zu dem *Prozess* der Heiligung oder dem *Wachstum* der Gnade und der Erkenntnis unseres Herrn Jesus Christus, damit wir in jeder Hinsicht wie er werden (2. Petrus 3,18). Seien Sie nicht entmutigt, wenn Sie noch nicht an Ihrem Ziel angekommen sind. Geben Sie nicht auf, auch wenn Sie nur zentimeterweise Fortschritte machen – es sind immerhin Fortschritte. Sie befinden sich noch mitten im Prozess, genau wie jeder andere auch.

Heiligung ist ein Werk

Denn Gott ist es, der in euch wirkt sowohl das Wollen als auch das Wirken zu seinem Wohlgefallen.

Philipper 2,13 (Elberfelder)

Wie wird dieser Heiligungsprozess durchgeführt? Wie wird das Wachstum der Gnade bewerkstelligt? Nicht durch unsere eigene Kraft, sondern durch die Kraft des Heiligen Geistes, der in uns am Werk ist, um beides zu bewirken: das Wollen und das Gelingen, das zu tun, was dem Vater gefällt.

Ist Ihnen aufgefallen, dass der Heilige Geist in Ihnen gewirkt hat, während Sie dieses Buch gelesen haben? Dass er Veränderung in Ihnen schenkt, damit Sie sich entscheiden, den Willen Gottes zu tun? Nicht der Herr hat dieses Buch für Sie gelesen - das war Ihre Aufgabe - aber er hat in Ihnen gewirkt, damit Sie dieses Buchen lesen wollten - und das war seine Aufgabe.

So also funktioniert der Prozess der Heiligung: Sie und ich empfangen von Gott die Gabe des Heiligen Geistes, der kommt und in uns wohnt. Wenn wir uns ihm dann zur Verfügung stellen, arbeitet er in uns und bewirkt, dass wir den Willen Gottes tun wollen und gibt uns die Kraft und Stärke, diesen Willen zu tun.

Wenn wir sagen, wir arbeiten daran, Gott zu gefallen, so müsste man es eher so sagen: Gott arbeitet in uns und bewirkt, dass wir das tun wollen, was ihm gefällt. Wenn wir uns selbst einbringen und mit ihm zusammenarbeiten, werden wir in unseren praktischen Erfahrungen immer heiliger und immer mehr geheiligt.

Das Wort und der Geist

Deshalb legt ab alle Unsauberkeit und das Übermaß der Schlechtigkeit, und nehmt das eingepflanzte Wort mit Sanftmut auf, das eure Seelen zu erretten vermag!

Seid aber Täter des Wortes und nicht allein Hörer, die sich selbst betrügen!

Jakobus 1,21-22 (Elberfelder)

Heiligung ist praktizierte Heiligkeit. Wir werden geheiligt, indem alle Schritte zur Heiligkeit gegangen werden, indem der ganze Prozess vervollständigt wird. Der heilige Geist ist ein Mittler in dem Heiligungsprozess, doch es gibt noch einen anderen Mittler: das Wort.

Und das führt dann zu folgendem: Sie und ich hören das Wort Gottes, dann nimmt der Geist Gottes das Wort und macht es in uns wahr. Es ist nicht unsere Aufgabe, das Wort wahr werden zu lassen. Unsere Aufgabe ist es, das Wort zu hören und es in die Tat umzusetzen - durch die Kraft des Geistes, der in uns wirkt. Doch nicht wir, sondern der Geist lässt das Wort wahr werden.

Lange Zeit wurde uns gesagt: »Hört das Wort, hört das Wort, hört das Wort.« Wir haben so lange das Wort gehört, bis wir förmlich damit vollgestopft waren. Das ist wunderbar und ich danke Gott dafür. Und doch, obwohl wir das Wort gehört haben, haben wir uns noch nicht so verändert, wie wir sollten, weil uns etwas fehlte - und dieses Etwas ist der Geist.

Wir dürfen nicht nur das Wort hören, wir müssen uns auch dem Heiligen Geist in uns zur Verfügung stellen, der uns gegeben wurde, damit wir das Wort auch tun können.

Nur weil wir das Wort Gottes hören und ehrlich versuchen, es in unserem Leben anzuwenden, heißt das noch lange nicht, wir hätten Gottes Wirken irgendwie verdient. Das einzige, was wir verdient haben, ist zu sterben und in die Hölle zu kommen. Denn in den Augen Gottes ist unsere Gerechtigkeit im Vergleich zu seiner Gerechtigkeit wie ein beflecktes Kleid (Jesaja 64,5).

Wir müssen das Wort Gottes mit Bescheidenheit aufnehmen und empfangen, weil nur das Wort allein die Kraft hat, unsere Seelen zu retten. Wir müssen demütig zu Gott kommen und zu ihm sagen: »Vater, ich bin so dankbar für diese Gelegenheit, dein Wort zu hören. Nimm das Wort, das ich höre und wirke es in mir und durch mich. Heiliger Geist, tu das Werk der Heiligung, damit ich so werde, wie der Vater mich haben möchte.

Den ganzen Tag lang soll unser Denken auf den Heiligen Geist gerichtet sein. Lenken Sie Ihre Gedanken in die Gegenwart und Kraft des Heiligen Geistes, wann immer es Ihnen möglich ist. Beten Sie: »Heiliger Geist, hilf mir. Lehre mich. Leite mich an. Befähige mich. Reinige mich. Heilige mich. Ich vertraue dir ganz, dass du mich hältst, denn du weißt, dass ich es alleine nicht schaffe. Ohne dich bin ich nichts, kann ich nichts tun und habe auch nichts verdient. Danke, dass du in mir wohnst und dein Werk in mir und durch mich tust, zur Ehre Gottes des Vaters.«

Wenden Sie sich im Glauben und Dankbarkeit an Gott, verlassen Sie sich ganz auf ihn und lassen Sie zu, dass sein Wort und der Heilige Geist Sie durch den Prozess der Heiligung zur Reinheit und Heiligkeit führt. Nur so können wir dahin kommen und es ist der einzige Weg, geheiligt und gereinigt zu werden.

Der Heilige Geist ist wie das Feuer eines Goldschmieds und die Lauge eines Wäschers

Nun, ich sende meinen Boten, dass er den Weg vor mir freimache, und plötzlich kommt zu seinem Tempel der HERR, den ihr begehrt. Jetzt kommt der Bundesengel, den ihr herbeiwünscht, spricht der HERR der Heerscharen.

Wer aber vermag den Tag seines Kommens zu ertragen? Wer kann bestehen, wenn er erscheint? Denn er ist wie das Feuer eines Goldschmieds oder wie die Lauge eines Wäschers.

Er wird sich hinsetzen zum Schmelzen und Scheiden und wird die Söhne Levis läutern und reinigen, ja er wird sie läutern wie

Gold und Silber, damit sie dem HERRN wieder echte Opfer bringen können.

Maleachi 3,1-3 (Bruns)

Hier lesen wir eine alttestamentarische Prophetie über Jesus, den Messias, der wie das Feuer eines Goldschmieds oder wie die Seifenlauge eines Wäschers ist. Im Neuen Testament lesen wir, dass der Heilige Geist wie Feuer ist. Johannes der Täufer sagte zu den Menschen seiner Zeit: »Ich taufe euch mit Wasser, der aber, der nach mir kommt, wird euch mit dem Heiligen Geist und mit Feuer taufen (Matthäus 3,11).

Wir haben schon oft gehört, dass der Heilige Geist wie Feuer ist, doch so gut wie gar nicht, dass er wie die Seifenlauge eines Wäschers ist.

Der Geist und das Wort: Die Seife und das Wasser

Aber ich sage euch die Wahrheit: Es ist gut (lohnend, nützlich, vorteilhaft) für euch, dass ich weggehe. Denn wenn ich nicht weggehe, kommt der Tröster (Ratgeber, Helfer, Berater, Fürbitter, Kraftgeber, Beistand) nicht zu euch [in eine enge Beziehung zu euch]. Wenn ich aber gehe, will ich ihn zu euch senden [damit er eine enge Beziehung zu euch hat].

Und wenn er kommt, wird er der Welt die Augen auftun über die Sünde und über die Gerechtigkeit und über das Gericht ...

Johannes 16,7-8 (Luther mit eigener Übersetzung)

In diesem Bibelabschnitt spricht Jesus mit seinen Jüngern über die verschiedenen Rollen und Funktionen des Heiligen Geistes, zu denen es gehört, uns die Augen über Sünde, Gerechtigkeit und Gericht zu öffnen. Später dann, in Johannes 17,17-19 betet Jesus zu seinem Vater für seine Jünger:

> *Heilige sie [reinige, weihe, sondere sie für dich aus, mache sie heilig] durch die Wahrheit! Dein Wort ist Wahrheit.*
>
> *Wie du mich in die Welt gesandt hast, habe auch ich sie in die Welt gesandt; und ich heilige (widme, weihe) mich selbst für sie, damit auch sie Geheiligte (Gewidmete, Geweihte, heilig Gemachte) seien durch Wahrheit.*
>
> Johannes 17,17-19 (Elberfelder mit eigener Übersetzung)

Wir haben gesehen, wie der Heilige Geist in uns wirkt, uns die Wahrheit offenbart, uns von Sünde, Gerechtigkeit und Gericht überzeugt und das Wort in uns und durch uns wahr werden lässt. Nun fangen wir an, ihn in einem anderen Licht zu sehen, als denjenigen, der uns läutert, reinigt und heiligt, indem er uns von unserer Sünde reinwäscht.

In Epheser 5,25-27 lesen wir folgende Worte des Apostels Paulus an die Gemeinde:

> *Ihr Männer, liebt eure Frauen! wie auch der Christus die Gemeinde geliebt und sich selbst für sie hingegeben hat, um sie zu heiligen, sie reinigend durch das Wasserbad im Wort, damit er die Gemeinde sich selbst verherrlicht darstellte, die nicht Flecken oder Runzel oder etwas dergleichen habe, sondern dass sie heilig und tadellos sei.*
>
> (Elberfelder)

Wenn wir uns einmal durch geistliche Röntgenstrahlen anschauen würden, könnten wir ein herrliches Licht sehen, das in und durch uns strahlt. Doch wissen Sie, was wir auch noch ganz tief in uns sehen würden? Wir würden viele kleine, schwarze Punkte sehen. Die repräsentieren die Flecken, die die Sünde auf unserer Seele hinterlassen hat. Was kann getan werden, damit diese Flecken entfernt werden, damit wir völlig rein und ohne Flecken sind?

Was machen wir, wenn unsere Kleidung Flecken bekommt? Wir nehmen Seife und Wasser. In diesen Versen haben wir gesehen, der Heilige Geist ist wie die Seifenlauge eines Wäschers und das Wort Gottes ist wie Wasser. Wir haben gelernt, dass wir durch den Geist und das Wort geheiligt sind, durch die Anwendung von Seife und Wasser.

Wenn Dave und ich essen gehen, bestelle ich gerne Spaghetti. Doch jedes Mal habe ich nach dem Essen lauter Flecken auf meiner Kleidung. Früher nahm ich mir immer schnell eine Serviette und fing an zu reiben, um den Fleck sofort wieder herauszubekommen. Doch dann sagte mir jemand, wenn ich das so mache, würde ich ihn nur um so mehr in den Stoff hineinreiben und er sei dann um so schwerer wieder zu entfernen. Sie sagte, ich solle die Flecken einfach in Ruhe lassen und fügte noch hinzu: »Wenn du einfach wartest, bis du nach Hause kommst, kannst du den Fleck mit Wasser und Seife ganz einfach auswaschen.« Doch weil ich zu den Menschen gehöre, die alles immer gleich erledigen wollen, ist es schwer für mich, zu warten und es richtig zu machen.

Genau so verhalten wir uns oft, wenn es um Gottes Dinge geht. Wir versuchen, die Flecken der Sünde auf unseren Seelen durch eigene Anstrengungen zu entfernen, anstatt geduldig zu sein und es dem Herrn zu gestatten, sie mit Seife und Wasser herauszuwaschen - durch seinen Geist und sein Wort.

Doch was machen wir, wenn diese Flecken so hartnäckig sind, dass Seife und Wasser scheinbar nicht ausreichen? Dann geben wir mehr Seife hinzu und lassen das Ganze über Nacht einwirken. Wir haben gesagt, dass die Seife den Heiligen Geist repräsentiert, den Geist der Gnade, den wir als die Kraft Gottes definiert haben, die in unser Leben kommt, um das in uns zu vollbringen, was wir selbst durch eigene Bemühungen nicht vollbringen können.

Wie entfernen wir hartnäckige Flecken der Sünde? Wir geben immer mehr Gnade hinzu. Da braucht man nicht mehr zu schrubben und sich nicht mehr anzustrengen, doch wir brauchen mehr Kraft. Wenn eine Anwendung der Gnade Gottes nicht ausreicht, dann geben wir noch mehr hinzu und geben ihr Zeit, gründlich an den Flecken zu wirken und sie ganz zu durchtränken. Wenn dann das Wasser des Wortes hinzukommt, werden die Flecken so weit aufgeweicht sein, dass sie sich sofort lösen.

Die Seife des Geistes und das Wasser des Wortes stehen Ihnen und mir zur Verfügung. Mit ihnen ist es uns möglich, zuzuschauen, wie der ganze Schmutz aus unserem Leben wieder entfernt wird.

Gnade für alle unsere Sünden

Der Gott aller Gnade aber, der euch berufen hat zu seiner ewigen Herrlichkeit in Christus, er selbst wird euch, die ihr eine kurze Zeit gelitten habt, vollkommen machen, stärken, kräftigen, gründen.
Ihm sei die Macht in Ewigkeit! Amen.

1. Petrus 5,10-11 (Elberfelder)

Was soll unsere Antwort auf Sünde sein?

Wir als Christen lieben Gott und deshalb wollen wir nicht sündigen. Doch es scheint so, als ob wir der Herrlichkeit Gottes am Ende immer nicht gerecht werden, ganz gleich wie sehr wir es auch versuchen (Römer 3,23). Durch welchen Prozess gehen Sie, um mit sich selbst und mit Gott wieder Frieden zu haben, wenn Sie gesündigt haben?

Meistens sündige ich dann, wenn ich nicht auf den Herrn warten will und versuche, alles selbst in die Hand zu nehmen. Anstatt geduldig zu sein und dem Gott der Gnade zu gestatten, die Dinge so zu machen, wie sie am besten für mich sind, versuche ich voller Eifer die Dinge auf meine Art zu erledigen. Fast immer ist das Ergebnis katastrophal.

Der Heilige Geist hat sich schon mit mir und meiner Gewohnheit befasst, immer gleich Schlussfolgerungen ziehen und Dinge vor der Zeit beurteilen zu wollen. Auch habe ich schnell eine Meinung oder ein Bild von anderen Menschen und ihren Handlungen oder Motiven, ohne auf den Herrn zu warten und ihn zu bitten, mir die Wahrheit zu zeigen.

Ich neige auch dazu, zu viel zu reden und zu schnell meine Meinung zu sagen. Deshalb überrascht es nicht, dass mein Mund mich oft in Verlegenheit bringt. Ich sage etwas, das ich nicht hätte sagen sollen und verärgere damit den einen oder anderen. Selbst dann, anstatt den Herrn zu bitten , diese Situation wieder in Ordnung zu bringen, manövriere ich mich noch in sinnlose Versuche hinein, die Flecken auf meiner Beziehung zu dieser Person, die ich durch meine Ungeduld und meine Impulsivität verursacht habe, durch eigene Bemühungen zu entfernen.

Wenn ich sündige, sprenkele ich in der Regel ein paar Schuldgefühle und Gewissensbisse und Verdammungsgefühle auf das Problem, anstatt Gottes überfließende und kraftvolle Gnade aufzutragen. Anstatt dem Herrn meine Sünde zu bekennen und sofort seine Vergebung zu empfangen, bin ich der Meinung, »erst einmal noch ein wenig leiden zu müssen«. Ich mache mir Sorgen, fühle mich schlecht, versuche die Situation wieder gerade zu biegen und verspreche dem Herrn, so einen Fehler nie wieder zu machen, wenn er mir nur durch dieses Durcheinander hindurch hilft.

Ich habe das schon so oft getan, dass wenigstens etwas Gutes dabei herausgekommen ist: Mir wurde viel über Gnade offenbart!

Wenn ich nun alles um mich herum durcheinander gebracht habe, halte ich - endlich- inne und sage: »Herr, das bringt mich nicht weiter. Schuldgefühle und Mitleid ändern nichts an dem, was geschehen ist. Gute Vorsätze und Versprechen halten mich nicht davon ab, das Gleiche noch einmal zu tun. Auch meine Frustrationen machen das alles nicht mehr gut. Ich übergebe mich und diese ganze Situation dir und bitte dich um deine Gnade und Güte, damit ich in deinem vollkommenen Frieden bleibe und du mich befähigst, in deinem Willen und auf deinem Weg zu gehen.«

Eigentlich tue ich Buße. Ich öffne den Kanal des Glaubens und bitte den Herrn, Gnade durch diesen Kanal zu gießen. Ich bitte ihn, mich vor Vermutungen, Schlussfolgerungen und dem Verurteilen von Situationen und Menschen zu bewahren, bevor ich nicht die Tatsachen weiß, denn das ist auch Sünde.

Das Wort Gottes sagt uns, dass wir die Verheißungen Gottes durch Glauben und Geduld empfangen (Hebräer 6,12). Sein

Wort sagt uns zu, dass, wenn wir auf den Herrn warten und uns ihm ganz anvertrauen, er selbst uns vollenden und uns so machen wird, wie wir sein sollen. Dann wird er uns aufbauen und sicher gründen und uns stärken und zur Ruhe bringen.

Warum müssen wir überhaupt leiden? Ich bin davon überzeugt, dass wir oft leiden, weil wir noch nicht gelernt haben, Gott so zu vertrauen, dass er uns von der Sünde abhalten kann. Und wenn wir dann in Sünde fallen, geht es uns schlecht, weil wir wissen, dass wir versagt haben; vor uns selbst und vor ihm. Wir hassen, was wir getan haben und auch die Tatsache, dass wir nicht die Fähigkeit haben, uns selbst von der Sünde abzuhalten.

Gnade ist die Antwort auf Sünde (Römer 5,20). Ganz gleich, was auch der Grund für unsere Sünde und unser Leiden ist, wenn wir den Kanal des Glaubens offen halten, können wir weiterhin Gottes Lösung für unsere Probleme empfangen: Gnade, Gnade und noch mehr Gnade.

Wenn ich etwas Falsches tue und mich selbst nicht ändern kann, dann leide ich auf eine gewisse Art und Weise, bis Gott mich davon befreit. Eigentlich ist es etwas Positives, denn wenn er Befreiung schenkt (und das tut er immer), dann freue ich mich an der Gnade Gottes.

Niemand erlebt Befreiung durch menschliche Bemühungen und Anstrengungen, doch Gottes Gnade versagt niemals. Wenn Sie große Probleme haben, dann vergessen Sie nicht: Seine Gnade reicht immer aus, jeder Schwachheit zu begegnen (2. Korinther 12,9).

Gott bietet uns nicht nur bloß Gnade an, er bietet uns Gnade, Gnade und noch mehr Gnade an. Sie ist überfließend. Ganz gleich, wie viel wir auch nutzen, es ist immer noch genug übrig.

Ich ermutige Sie, neues Land auf Ihrem Weg mit Gott zu betreten. Leben Sie aus seiner Gnade und nicht aus Ihren eigenen Werken. Das Ergebnis wird Sie erstaunen!

Schlussfolgerung

Die Botschaft der Gnade ist das wichtigstes Einzelthema, dass der Heilige Geist mir offenbart hat. Mein ganzes Leben als Christ war ein einziger Kampf, bevor ich mehr über die Gnade lernte. Meiner Meinung nach wird eine wichtige Verbindung einfach verschwiegen, wenn Menschen zwar zum Thema Glauben gelehrt werden, aber nicht über die Gnade. Manchmal bezeichne ich Gnade auch als »das fehlende Glied« auf dem Weg des Glaubens.

Gnade ist die Kraft des Heiligen Geistes. Sie steht zur Verfügung, um das zu tun, was in unserem Leben getan werden muss. Sie ist die Kraft, zu verändern, was verändert werden muss. Sie ist die Fähigkeit Gottes, die zu uns kommt, wenn wir ihn bitten. Gnade ist so wunderbar, dass ich immer weiter von ihren einzigartigen Eigenschaften erzählen könnte.

Ich bete, dass Sie dieses Buch innerhalb von Jahren mehrmals lesen. Diejenigen von uns, die von ihren eigenen Werken abhängig sind, brauchen normalerweise mehrere Anwendungen der Botschaft der Gnade, damit Heilung in ihr Leben kommt.

Vergessen Sie nicht, die Gnade Gottes ist das genaue Gegenteil von menschlichen Werken. Wenn Sie aus Gnade leben wollen, müssen Sie Ihre Sichtweisen in fast allen Bereichen ändern. Seien Sie nicht entmutigt; das braucht Zeit.

Denken Sie immer daran, wenn Sie sich frustriert fühlen, haben Sie sich auf eigene Bemühungen verlassen und müssen wieder zu Gottes Gnade zurück kommen. Gnade macht Sie stark und ruhig. Werke machen Sie schwach und kraftlos, frustriert und unruhig.

Die Gnade Gottes wird durch den Glauben empfangen. Der Glaube ist nicht die Währung, mit der man die Segnungen Gottes kaufen kann, sondern er ist die Hand, mit der man die Segnungen empfängt.

Ich werde bereits ganz *ruhig*, wenn ich das Wort Gnade nur höre. Durch die Gnade Gottes werden die Aufgaben leicht, die sonst schwer oder sogar unmöglich gewesen wären. Jesus sagte, dass seine Last leicht ist, leicht zu tragen. Der Teufel will uns schwere Lasten auf die Schultern legen - die Last der menschlichen Werke, die Last des Gesetzes und der menschlichen Bemühungen, es halten zu wollen. Doch Jesus hat uns versprochen, wenn wir zu ihm kommen, wird er uns Ruhe geben (Matthäus 11,28-30).

Seien Sie nicht nur mit gerade so viel Gnade zufrieden, wie Sie brauchen, um vor ewiger Verdammnis errettet zu werden. Empfangen Sie nicht nur die rettende Gnade, sondern empfangen Sie Gnade, Gnade und noch mehr Gnade, damit Sie siegreich leben können und Jesus in Ihrem alltäglichen Leben verherrlicht wird.

Joyce Meyer

Über die Autorin

Seit 1972 ist Joyce Meyer als Bibellehrerin tätig, seit 1980 sogar vollzeitlich. Sie ist Bestseller-Autorin von mehr als siebzig Büchern wie zum Beispiel „Das Schlachtfeld der Gedanken“ und „Süchtig nach Anerkennung“. Mit ihrer humorvollen und direkten Art bringt sie die Dinge des Alltags anhand der Bibel auf den Punkt - lebensnah, überzeugend und echt. Joyce’ Radio- und Fernsehprogramme *Enjoying Everyday Life* oder *Das Leben genießen* werden weltweit ausgestrahlt. Häufig werden die Sendungen auf den vielen Konferenzen aufgezeichnet, die Joyce jährlich abhält. Ihre Vorträge werden außerdem auch als DVDs und Audio-CDs verbreitet. Joyce und ihr Mann Dave haben vier erwachsene Kinder und leben in St. Louis, Missouri, USA.

Über Joyce Meyer Ministries (JMM)

Hilfe für Arme und Leidende

Joyce und Dave Meyers zentrales Anliegen ist es, armen und verletzten Menschen in der ganzen Welt zu helfen. Es geht darum, nicht nur zu reden, sondern auch konkret zu handeln. Darum bringt Joyce Meyer Ministries (JMM) humanitäre Hilfe in verschiedene Krisenregionen der Welt. Dies geschieht mit über 13 internationalen Büros und in Zusammenarbeit mit über 50 weltweit tätigen Missionsgesellschaften.
Auf diese Weise werden über fünf Millionen Mahlzeiten in den Hungerregionen der Welt ausgegeben, über 40 Waisenheime in armen Ländern unterhalten, Dörfer mit sauberem Trinkwasser versorgt und Tausende von Gefängnisinsassen unterstützt. Außerdem gründet und fördert JMM Gemeinden in Ländern, wo Christen unter Verfolgung leiden, bietet medizinische Hilfe und hilft alten wie jungen Menschen in den „Ghettos“ von Großstädten, wie mit dem Dream Center in St. Louis.

TV und Radio

Die *Enjoying Everyday Life* (*Das Leben genießen*) Sendungen in Radio und Fernsehen erreichen täglich Hunderttausende weltweit. Im September 1993 wurde das Programm wöchentlich auf zwei Kanälen ausgestrahlt. Heute kann *Enjoying Everyday Life* täglich und wöchentlich auf über 507 Kanälen, darunter mehrere große Kabel- und Satelliten-Stationen, weltweit empfangen werden und außerdem auf www.joyce-meyer.de rund um die Uhr. Das Programm wird mittlerweile auch in weitere Sprachen, unter anderem Deutsch, übersetzt und kann sogar in der arabischen Welt empfangen werden. So wird das Evangelium täglich weltweit verbreitet.

Konferenzen

Konferenzen quer durch die USA (bis zu 14 im Jahr) und auch im Ausland sind nach wie vor Joyce' Leidenschaft. Die Menschen kommen in Scharen, und Joyce predigt das Wort Gottes und gibt praktische Lebenshilfe in der ihr eigenen direkten und humorvollen Art. Gleichzeitig werden diese Konferenzen für Fernsehsendungen aufgezeichnet.

www.joyce-meyer.de

Treffen Sie JMM im Internet. Infos, Videos, Kontaktmöglichkeit, weitere Bücher, DVDs und CDs bestellen und vieles mehr.

Weitere Bücher von Joyce Meyer

Das Schlachtfeld der Gedanken
Gewinne die Schlacht in deinem Verstand
288 Seiten, Pb, Euro 17,- [D], 17,50 [A], sFr 29,90, ISBN 978-3-939627-00-5
Ein wahrer Bestseller. Mit diesem Buch hat Joyce Meyer Millionen geholfen, ihre Gedankenwelt in göttliche Bahnen zu lenken. Gedanken von Sorgen, Furcht und Zweifel müssen nicht mehr ihr ungehindertes Spiel mit Ihnen treiben. Fangen Sie an darüber nachzudenken, worüber Sie nachdenken, und erneuern Sie Ihr Denken mit dem Wort Gottes. Ihr Leben wird sich drastisch positiv verändern. Die Wahrheit macht frei.

Süchtig nach Anerkennung
Hör auf, allen gefallen zu wollen
304 Seiten, Pb, Euro 16,- [D], 16,50 [A], sFr 28,-, ISBN 978-3-939627-01-2
Ist es Ihnen wichtiger, was andere über Sie denken, als was Gott über Sie denkt?
Fühlen Sie sich unsicher in Ihren Entscheidungen?
Brauchen Sie ständig Bestätigung von anderen für das, was Sie tun? Dann sind Sie höchstwahrscheinlich süchtig nach Anerkennung. Joyce Meyer zeigt einen Weg auf, sich selbst zu finden, zu akzeptieren, wer man ist und sich auf Gott zu verlassen. Die Botschaft ist, dass Gott uns alle Anerkennung gibt, die wir brauchen.

Der richtige Start in den Tag
Andachten für jeden Morgen
390 Seiten, Hardcover, Euro 15,- [D], 15,50 [A], sFr 26,50, ISBN 978-3-939627-02-9
Ein neuer Tag – Was gibt's Neues? – Gottes Gnade ist jeden Morgen neu. Finden Sie es heraus. In kurzen, knackigen Andachten gibt Joyce Meyer einen Gedankenanstoß pro Tag mit einem passenden Bibelvers und seiner praktischen Umsetzung im Alltag. Herausfordernd, humorvoll, anregend.

X bestellt

Die geheime Kraft von Gottes Wort in deinem Mund
200 Seiten, Hardcover, Euro 13,50 [D], 13,90 [A], sFr 24,-,
ISBN 978-3-939627-03-6
Während ihres Lebens und Dienstes hat Joyce Meyer wiederholt die schöpferische Kraft erfahren, die im Aussprechen des Wortes Gottes liegt. In diesem Buch trägt sie die wichtigsten Verheißungen und Bekenntnisse aus der Bibel für verschiedenste Lebensumstände zusammen: Bekenntnisse für Eltern, Singles und Familien, und was die Bibel über Ärger, Sorge und gesellschaftliche Verantwortung sagt. „Gottes Wort in deinem Mund“ im Alltag angewandt wird Ihr Leben verändern.

Traum statt Trauma
Tipps für lebenslanges Eheglück
368 Seiten, Pb, Euro 17,- [D], 17,50 [A], sFr 29,90, ISBN 978-3-939627-04-3
„Unsere Ehen sollen ein Triumph und keine Tragödie sein,“ sagt Joyce Meyer, die selber mehr als 30 Jahre verheiratet ist. Gott bietet uns praktische Hilfe durch sein Wort, damit Ehen zu dem werden können, wozu er sie erdacht hat. Egal ob 30 Tage oder 30 Jahre verheiratet, ob noch Single, ob in einer Ehekrise oder einfach nur bemüht, die Ehe zu verbessern. In diesem Buch findet der Leser biblische Prinzipien und viele praktische Tipps zur „Traum-Ehe“.

Heilung für zerbrochene Herzen X
Erlebe Wiederherstellung durch die Kraft des Wortes Gottes
96 Seiten, Pb, Euro 9,80 [D], 10,- [A], sFr 17,90,
ISBN 978-3-939627-05-0
Gott hat einen wunderbaren Plan für unser Leben, aber oft fällt es uns schwer, dies zu glauben und zu erleben, weil uns Verletzungen aus der Vergangenheit plagen und uns gefangen halten. Dieses Buch gibt Antwort. Lernen Sie, wie Gott Sie sieht. Sie werden erleben, wie Seine Liebe Sie zur Ruhe bringt, Hoffnung für die Zukunft gibt und Ihr verwundetes Herz heilt.

Freu dich des Lebens auf dem Weg zum Ziel
224 Seiten, Pb,
Euro 13,80 [D], 14,20 [A], sFr 24,60
ISBN 978-3-939627-06-7
Kennen Sie das? - „Wenn dieses und jenes endlich in meinem Leben eintritt, dann werde ich mich freuen.“ So hat wohl jeder schon mal gedacht. Joyce Meyer zeigt den biblischen Weg, wie man zu einer beständigen Freude findet, die einen unabhängig von Umständen und (un)erfüllten Wünschen das Leben genießen lässt.

Gottes Plan für dich
Entdecke die Möglichkeiten
132 Seiten, Hardcover,
Euro 18,- [D], 18,50 [A], sFr 31,60
ISBN 978-3-939627-07-4
Viele Menschen erleben kein erfülltes Leben, weil sie sich ständig vergleichen und versuchen, jemand anderes zu sein. Ihnen ruft Joyce Meyer zu: Sei du selbst! Entwickle dein Potenzial! Mit einem Schlüssel-Gedanken pro Seite untermauert mit Wort Gottes führt dieses Buch den Leser durch Schritte wie Selbstannahme, Heilung und Vertrauen. Kurz wie ein Andachtsbuch mit tiefen Einsichten und erfrischend einfach für jeden Tag.

Schlüssel zum außergewöhnlichen Leben -
Verwandle dein Leben mit der Frucht des Geistes
256 Seiten, Pb,
Euro 13,50 [D], 13,90 [A], sFr 24,-
ISBN 978-3-939627-08-1
Gott möchte, dass Liebe, Freude und Frieden in unserem Leben wachsen, ebenso Geduld, Sanftmut und Güte, Treue, Demut und Selbstbeherrschung. Lernen Sie das Geheimnis von geistlichem Wachstum kennen. Und Sie werden sehen, wie Ihr Leben die Welt um Sie herum positiv beeinflussen wird.

Gut aussehen. Gut fühlen
12 Schlüssel für ein gesundes, erfülltes Leben
256 Seiten, Pb,
Euro 14,50 [D], 14,90 [A], sFr 25,70
ISBN 978-3-939627-09-8
New York Times Bestseller
Sie sind unendlich wertvoll für Gott! Dennoch haben viele Menschen ein niedriges Selbstwertgefühl und gehen auch entsprechend nachlässig mit ihrem Körper um. Joyce Meyers 12-Punkte-Plan führt Sie durch überraschende biblische Erkenntnisse sowie praktische Tipps für einen gesunden, entspannten Lebensstil, damit Sie sich gut fühlen und obendrein noch gut aussehen.

bestellt

Jetzt mal Klartext
Gefühlskämpfe überwinden durch die Kraft des Wortes Gottes
424 Seiten, Hardcover,
Euro 19,- [D], 19,60 [A], sFr 33,20
ISBN 978-3-939627-10-4
Joyce Meyer sagt Angst, Einsamkeit und Sorgen den Kampf an. Niemand muss sich durch negative Gefühle klein kriegen lassen. In *Jetzt mal Klartext* liefert Joyce erfrischende, lebensverändernde Einsichten mit Geschichten aus ihrem persönlichen Leben, praktischen Ratschlägen, alles untermauert mit Bibelstellen.

Ein völlig neues Leben
Wie man Christus annimmt und was das bedeutet
80 Seiten, Pb,
Euro 5,- [D], 5,10 [A], sFr 9,30
ISBN 978-3-939627-13-5
Das Leben ist voller Entscheidungen. Aber es gibt eine Entscheidung, die wichtiger als alle anderen ist. Ob Sie Jesus Christus als Herrn annehmen oder nicht, ist die Entscheidung, von der alles andere im Leben abhängt, einschließlich die Frage, wo Sie die Ewigkeit verbringen werden. Dieses Buch ist ein Muss für ganz neue Christen und solche, die es werden wollen. Auch gut zum Verschenken geeignet.

Frauen, die vertrauen
Mit Mut und Zuversicht das Leben gewinnen
304 Seiten, Pb,
Euro 16,- [D], 16,50 [A], sFr 28,-
ISBN 978-3-939627-14-2
In unserer heutigen Gesellschaft wimmelt es von unsicheren Menschen. Dieses Problem wirkt sich schlecht auf Beziehungen aus und ist mit ein Grund für Scheidungen. Im Laufe Ihres Lebens hat Joyce Meyer viel über echtes Vertrauen gelernt. In diesem Buch teilt sie Ihre Erkenntnisse Frauen mit und ermutigt sie, alles zu werden, wozu Gott sie geschaffen hat. Sein Ziel ist, dass Sie kühn und mutig und voller Vertrauen sind, respektiert, bewundert, umsorgt und vor allem geliebt werden.

Das Schlachtfeld der Gedanken für Teens
176 Seiten, Pb,
Euro 8,50[D], 8,70[A], sFr 15,60[CH]
ISBN 978-3-939627-15-9
Mal ehrlich: Das Leben als Teenager kann ein ständiger Kampf sein. Aber der wichtigste Kampf, dem du dich stellen musst, ist nicht der auf dem Schulhof, im Internet-Chat, auf einer Party oder im Wohnzimmer deiner Familie. Der allerwichtigste Kampf um dein Heute und deine Zukunft wird in deinen Gedanken ausgetragen. Anhand von Umfragen unter Jugendlichen und biblisch fundierten Recherchen liefert Joyce Meyer dir die Munition, damit du die Schlacht hoch gewinnst.

Schreiben Sie uns!

Was hat Ihnen dieses Buch konkret gebracht? Haben Sie Anregungen? Möchten Sie Joyce Meyer Ministries etwas mitteilen? Dann schreiben Sie uns.

Joyce Meyer Ministries
Postfach 76 10 01
D-22060 Hamburg